心理学の神話をめぐって
―信じる心と見抜く心

監修 日本心理学会　編者 邑本俊亮・池田まさみ

SHINRIGAKU SOSHO

日本心理学会
心理学叢書

誠信書房

心理学叢書刊行にあたって

日本心理学会では，２０１１年の公益社団法人化を契機として，公開シンポジウムの実施を拡充してまいりました。２０１５年度には，次の三つのシリーズを企画し，全国各地で総計28回のシンポジウムを開催するに至っています。

・教育や医療，司法等の現場における心理学の貢献を紹介する「社会のための心理学シリーズ」
・心理学の科学としての側面を中心に紹介する「科学としての心理学シリーズ」
・高校生や教員の方を対象として，様々な分野の心理学を紹介する「高校生のための心理学シリーズ」

いずれのシンポジウムも大変なご好評を頂いており，参加できなかった方々からも，講演の内容を知ることができないか，といったご要望を数多く頂戴しています。そうした声にお応えして，２０１４年から心理学叢書を上梓することとなりました。本叢書は，シンポジウムでお話しした内容をさらに充実させ，わかりやすくご紹介することを目的として，刊行されるものです。

編者や執筆者の方々はもちろんのこと，シンポジウムの企画・運営にお骨折り頂いた教育研究委員会，とりわけ，講演・出版等企画小委員会の皆様に厚く感謝申し上げます。

２０１７年８月吉日

公益社団法人日本心理学会
理事長　横田正夫

編者はじめに

「心理学を勉強すると人の心が読めるようになるんですか?」。一般の方から、そんな質問を受けたことが何度かあります。もちろん心理学を勉強しても人の心が読めるようにはなりません。まさに「心理学神話」です。一般の方の心理学に対するイメージは少し偏っています。これは多くの心理学者が感じていることです。心理テスト、カウンセリング、異常心理、そのようなイメージが強いようです。もちろん、それらも心理学の一部であることは事実なのですが、心理学はもっと幅広い研究領域をもっています。そして、エビデンスに基づく科学的な研究を行っています。一般の方には、ぜひそのことを正しく認識してもらいたいと思っています。

心理学的な話題は興味をもって受け止めてもらえるせいか、メディアはしばしば心理学に関連する情報を取り上げてくれます。インターネット上にもそうした情報があふれています。しかしながら残念なことに、それらの情報の中には、根拠のない事柄であったり、実際の研究成果からかなりゆがめられた情報であったり、行き過ぎた一般化がなされていたりと、必ずしも正しくないものが少なからず存在します。そして、それが多くの人に信じられて「神話」になってしまっているようです。

「血液型によって性格がわかる」「左脳人間と右脳人間がいる」「サブリミナル効果で商品を買わせることができる」などなど、世の中には実に多くのさまざまな神話が存在しているものです。２０１４年に翻訳書として出版された『本当は間違っている心理学の話――50の俗説の正体を暴く[1]』という書の中では、心理学の神話が50個取り上げられ、その間違いについて解説されています。その中には、日本でもよく耳にする神話もあれば、

「ものが見えるのは、眼から微細な物質が出るからだ」といった、日本ではあまり広まっていないような神話も含まれています。ご関心のある方はそちらをお読みいただければと思います。

本書では、公益社団法人・日本心理学会の主催で２０１４〜２０１５年度に開催された公開シンポジウム「科学としての心理学シリーズ――心理学の神話をめぐる冒険」における講演を中心に、四つの神話を取り上げます。そしてそれらをめぐる冒険をしながら、私たち人間にそなわった相反する二つの心の性質、「信じる心」と「見抜く心」について考えていきたいと思います。

第1章では、神話を信じてしまう人間の姿を考えていくうえでカギとなってくる、人間の「心のクセ」の特徴について確認します。第2章では、インドで発見されたオオカミ少女の話が、実は捏造されたつくり話であったことを、残された写真や記録の矛盾点を指摘しながら検証していきます。第3章では、心理学でウソは見破ることができるのかという問題について、古典的な方法から最先端の研究まで解説します。第4章では、凶器を持った犯人に出くわすと、凶器のほうに注目してしまって犯人の顔の記憶があいまいになる現象について、それが本当に凶器に注目することによる効果なのかを、一連の心理学実験から解き明かします。第5章では、災害が起きたとき人間はパニックになるという神話を検証し、災害時に私たちが何を考え、どんな行動をするのか、今後のために何ができるのかを考えていきます。第6章では、神話を「信じる心」を振り返りながら、その真偽を吟味して「見抜く心」、すなわちクリティカルシンキングの大切さをあらためて考えます。

さあ、心理学の神話をめぐってあなたの旅が始まります。きっと素敵な旅になることでしょう。どうぞいってらっしゃい。

２０１７年８月

邑本俊亮・池田まさみ

目　次：心理学の神話をめぐって——信じる心と見抜く心

第2章 アマラとカマラ——オオカミ少女神話の真実 29

第3章 心理学でウソを見破ることはできるのか？
――犯罪心理学からのアプローチ　52

第5章 災害時、人は何を思い、どう行動するのか
——パニック神話を検証する 99

第1章 人間の心のクセを紐解く

【邑本俊亮・池田まさみ】

1 はじめに

世の中には真偽が疑わしい情報が少なからず存在します。噂話、流言、デマ、都市伝説などなど、いろいろな言葉で呼ばれており、その内容や広まる範囲に違いはあるようですが、根拠に乏しい話がほとんどです。本書のタイトルの一部になっている「神話」もそのひとつです。神話は「根拠もないのに、絶対的なものと信じられている事柄」（『広辞苑』第5版）であって、多くの人々にあまり疑いをもたれずに受け入れられてしまっていることを指しています。

その一方で、科学的に正しい情報であるにもかかわらず、人々がそれを聞いても素直に信用しなかったり、受け手の態度の変化や行動にはつながらなかったりする場合もあります。風評被害がその例です。東日本大震災のあと、福島県産の農産物や水産物の安全性をどれだけ伝えても、それを信じようとしない人や食材を買うことを控える人がいたのも事実です。

では、なぜ私たちは間違っているはずのことを受け入れてしまったり、正しい情報なのにそれを聞き入れなかったりするのでしょうか。その背景には人間の心の特徴が潜んでいます。私たちは日ごろさまざまな情報を見聞きし、さまざまな人に会い、さまざまな出来事を経験しています。そして、それらの情報・人・出来事を評価し、判断・意思決定を行っています。しかしながら、私たち人間は精密な計算機ではありませんので、そうした評価、判断、意思決定にはゆがみや偏りが生ずることがよくあります。こうしたゆがみや偏りのことを「認知バイアス」と呼びます。認知バイアスは、認知心理学や社会心理学の領域において、これまでにさまざまな種類のものが報告されています。本章では、次章から始まる神話をめぐる冒険に先立ち、代表的な認知バイアスを確認しておくことにしましょう。

2 情報を受け取る心

私たちは日ごろさまざまな情報を見聞きして、その内容を認知し、理解しています。しかし、その認知や理解の仕方には特徴があります。そして、情報の性質や情報を受け取る人の心の状態が理解に影響を与えることがわかっています。

文脈の影響

ある情報をどのように認知するかは、その情報が示された文脈の影響を受けます。つまり、ある情報がどんな文脈のもとに提示されるかで、認知の仕方が変わってくるのです。**図1-1**を見てください。まんなかの文字情報はまったく同じにもかかわらず、上では「重力」という熟語に、下では「動」という1文字に読めてしまいます。左右に存在する情報が文脈の役割を果たすのです。

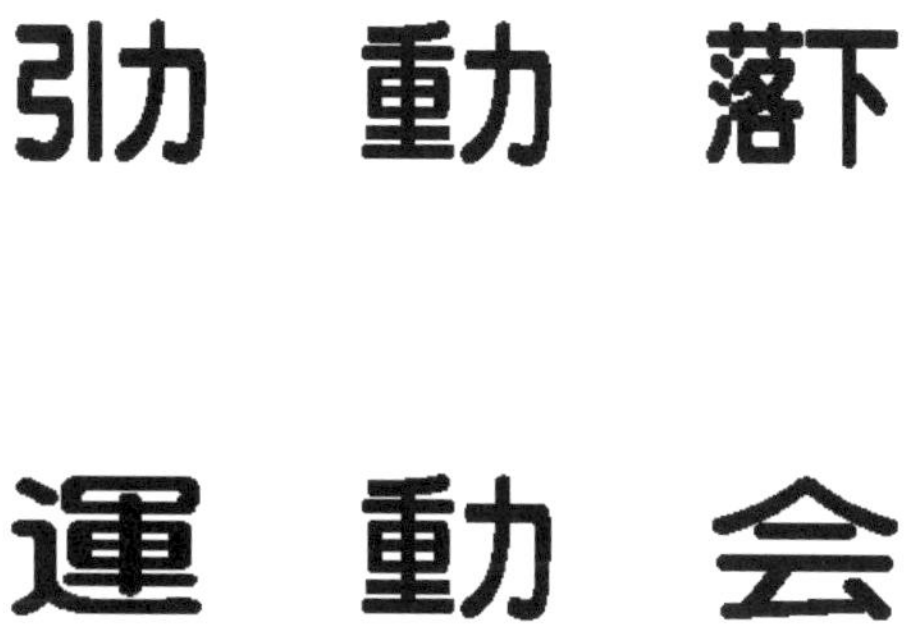

図1-1　文脈の影響

会話や文章においては、話の流れ（前後関係）が文脈になります。たとえば「たこ」という単語は、「空高くたこが揚がっています」と「水族館でたこを見ました」とでは、異なる意味になります。「はなしたくない」という言葉も、「あなたを」の後に言われたのと「あなたと」の後に言われたのとでは大違いです。

情報を受け取る場面や状況も文脈の一種です。「イチロー、大爆発！」という言葉は、文字通りにはほとんどありえない事実を述べていますが、これがメジャーリーグの野球を観戦している場面で発せられたならば、「今日はイチロー選手がヒットやホームランをたくさん打っている」という意味になります。一方、ある小学校のクラスにイチロー君がいて、いつもはおとなしい彼が今日はみんなにいろいろと言われて「イチロー、大爆発！」ならば、「おとなしいイチロー君がついにキレた」という意味になります。

文脈の影響は、認知バイアスというよりも、人間が情報を処理するときの基本的な特徴といえるでしょう。

メッセージの特性

メッセージの特性によって、受け手がそれをすんなりと受け入れてしまうこともあります。たとえば次の文章を読んでみてください。

「あなたは、人から評価してもらいたいと思っていますが、自分自身に対して厳しい面もあります。明るくふるまうときもありますが、控えめにしていることもあります」

あなたにぴったりと当てはまっているように思いませんか。実際には誰にでも当てはまるような内容を述べているだけです。それにもかかわらず、そうした内容をあたかも自分だけに当てはまっているかのように感じてしまう現象は、「バーナム効果」と呼ばれています。

送り手の信ぴょう性

送り手の信ぴょう性も、受け手が情報を受け入れるかどうかに影響します。送り手が専門家である場合、受け手がメッセージを受け入れる傾向は高まります。また、受け手にとって送り手が信頼できる人物であるときにも、メッセージは受け入れられやすくなります。一方、送り手が受け手を説得しようとする意図がみえみえのときには、そのメッセージは受け手に拒否されてしまうこともあります。なお、送り手の信ぴょう性の問題については、第6章でふたたび取り上げたいと思います。

知識の影響

情報を理解する際には、受け手の知識が重要な役割を果たします。知識が不足していると情報を十分に理解できない場合があります。たとえば、「彼は大きな揺れを感じたので、急いで高台へと走った」という文を考えてみましょう。みなさんはこの文をすぐに理解できると思います。彼は地震を感じて津波が来る可能性があると思い、避難するために高台へ走ったのだと解釈できたでしょう。それができたのは、地震や津波についての知識があるからです。日本人であればほとんどの人が地震や津波について知っています。しかし、地震や津波に縁のない国の人で、それらの経験も知識もない人は、なぜ彼が揺れを感じたのか、なぜ高台へ走ったのか、まったく理解できないでしょう。

また、知識の使われ方には個人差があります。あなたは、"play" "score" と聞いて何を思い浮かべますか。スポーツやゲームの「プレーする」「点数」を思い浮かべる人は多いと思います。ところが、ふだん音楽をたしなんでいる人や音楽好きの人の場合、「演奏する」「楽譜」と思う人が多いようです。スポーツ好きの人も音楽好きの人も、それぞれの単語に両方の意味があることは知識として知っています。しかし、知識の中でも自分の好きなことに関する知識が優先的に使われやすいということなのです。

期待の影響

受け手の側があらかじめもっている期待が、情報を理解する際に影響してくる場合もあります。たとえば「土曜日まで雨は降らないでしょう」という天気予報を聞いたとします。あなたは、土曜日は雨が降ると思いますか、降らないと思いますか。この情報は曖昧であり、どちらにもとれる表現なのですが、解釈の仕方はそれを聞いた人の期待によって変化するようです。日照り続きで早く雨が降ってほしいと思っている人は「土曜日には雨が降る」と理解し、土曜日は楽しみにしている遠足なので雨が降ってほしくないと思っている人は、「土曜日が終わるまでは晴れている」と解釈するのではないでしょうか。[9] 曖昧な情報が、自分の期待に合致するように歪められて解釈されてしまうわけです。

一般に、人間は自分の考えや仮説を裏づけしてくれる情報を探し求め、そうでない情報を無視する傾向があります。これは「確証バイアス」と呼ばれています。たとえば、死刑に犯罪を押しとどめる効果があるかどうかについて、その効果を肯定する研究報告と否定する研究報告とがあるとします。その両方を読んだとき、死刑制度に賛成の人は前者をより納得できる証拠として高く評価するのですが、死刑制度に反対の人は後者のほうを高く評価することがわかっています。[8]

気分の影響

私たちはその時々で感情や気分が変化します。そして、そのときの気分の状態が、情報を認知したり判断する際に影響を及ぼします。一般的に、気分がよいときには情報の中でポジティブなものが注目されやすく、それが記憶にも残りやすいのですが、気分のよくないときはその逆で、ネガティブな情報が注目され、それが記憶に残りやすくなるのです。また、情報をどのように解釈したり判断するかも、そのときの気分と一致した方向でなされやすくなります。つまり、気分のよいときにはポジティブな解釈や判断が、気分が悪いときにはネガティブな解釈や判断が生じやすくなります。こうした現象は「気分一致効果」と呼ばれています。

不安な状態にある人はそうでない人に比べて、曖昧な文の解釈がネガティブになりやすいことが報告されています。[1] ガンや事故死のようなネガティブな出来事が、主観的にどのくらいの確率で起きると思うかについて尋ねたとき、ポジティブな気分ではその確率は低く答えられ、ネガティブな気分では高く答えられるようです。[4]

他人から言われた同じひとことなのに、あなたのそのときの気分によって違う意味に受け取ってしまうことはありませんか。たとえば親から「もう少し勉強がんばってね」と言われたとしましょう。あなたの気分がよければそれが励ましの言葉に聞こえるかもしれませんが、気分が悪いときには叱責の言葉に聞こえるかもしれませんね。

3 論理に弱い心

あなたは論理的に考えることは得意ですか。相手の話が論理的でなかったときに、それはおかしいと指摘できますか。私たちは、必ずしも論理的な判断が得意なわけではありません。時として判断を間違えてしまうことがあります。

論理のおかしさに気づかない

「人件費を削って経営を立て直したいので、新人を採用して手厚いボーナスを与える」と言われたらどうでしょうか。これは明らかに矛盾していることがわかりますね。では、「スマホが普及したので、人付き合いの苦手な若者が多くなった」はどうでしょう。スマホの普及がなぜ人付き合いの苦手な若者の増加につながるのか、疑問を感じます。つまり論理の飛躍があります。これらはどちらかといえば論理的なおかしさに気がつきやすい例かもしれませんが、現実には、さまざまな主張に対して、その論理のおかしさや誤りに気がつかないまま、相手の主張を受け入れてしまいそうになることもあるでしょう。「受賞した小説だけを読むべきだと考えるのは間違いである。受賞作品がすべて優れているとは限らないし、そもそも受賞作をはじめ、世の中のすべての作品を読むことなど不可能なのだ」と言われたとき、論理がおかしいことを指摘できますか。

誤った結論を受け入れる

次の三つの文を読んでください。

「もし雨ならば今日の遠足は中止である」「今日は雨ではない」「よって今日の遠足は中止でない」

この結論は正しいでしょうか。さらに、次の場合はどうでしょうか。

「もし雨ならば今日の遠足は中止である」「今日の遠足は中止である」「よって今日は雨である」

いずれの結論も論理的には正しくありません。なぜなら、いずれの場合も、雨以外の理由（たとえばインフルエンザの大流行）で遠足が中止になる可能性がありうるからです。しかし、結論を受け入れてしまいそうになった人がいると思います。前者は「前件否定の錯誤」、後者は「後件肯定の錯誤」と呼ばれています。

続いて、次の三つの文を読んでください。

「すべての犬は動物である」「ある動物は空を飛ぶ」「よってある犬は空を飛ぶ」

この結論は明らかに正しくありません。すぐにわかったと思います。では、「空を飛ぶ」を「速く走る」に変えてみましょう。

「すべての犬は動物である」「ある動物は速く走る」「よってある犬は速く走る」

いかがでしょうか。三段論法で正しい結論を導いているような気がしませんか。それは、結論の部分で述べられている意味や内容が、私たちの知識に合致しているからです。私たちがもっている知識や信念は、論理的な判断に影響を及ぼすのです。これは「信念バイアス」と呼ばれています。

4 判断を誤る心

私たちはしばしば出来事が起きる可能性を予測します。今日は雨が降りそうだとか、応援している選手は優勝する可能性が高いとか、この大学なら合格しそうだとか、さまざまな予測をしながら生活を送っています。では、それらの予測はどれだけ正確になされているのでしょうか。出来事の起こる確率について、正しく見積もることができているのでしょうか。

利用しやすい情報に頼る

私たちは、頭の中で利用しやすい情報に頼って、手っ取り早く判断を下す傾向があります。交通事故で亡くなる人と自殺で亡くなる人とでは、どちらが多いでしょうか。実際には後者ですが、多くの人が前者のほうが多いと思いがちです。前者はニュースで取り上げられることが多いですが、後者はほとんど取り上げられません。その結果、私たちの記憶の中には交通事故死の事実が多くたくわえられています。判断する際、交通事故死の事実のほうが利用しやすい状態なのです。

自分の知り合いに離婚した人が多いと、離婚率を高く見積もる傾向があります。航空機事故が起きるかもしれないと主観的に思う確率は、事故が起こった直後には高くなります。英単語で、rで始まる単語と三番目がrの単語とではどちらが多いと思うか尋ねられると、前者と答える人が多いようです（実際には後者のほうが多いのです）。いずれも、自分の記憶を検索した際に思いつきやすい情報を利用して判断が行われるわけです。このような判断の仕方は「利用可能性ヒューリスティック」と呼ばれています。

典型的な情報の影響

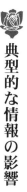

次の問題を考えてください。「リンダは31歳の独身で、聡明ではっきりと意見を述べるタイプです。大学では哲学を専攻し、人種差別や社会正義の問題に関心をもち、反核デモにも参加しました。さて現在、リンダは次のAとBのどちらである可能性が高いでしょうか[13]」

A 「銀行の出納係である」

B 「銀行の出納係で、フェミニズム運動に熱心である」

Bを選んだ人が多いかもしれません。しかし、二つの独立した事柄（銀行の出納係、フェミニズム運動に熱心）が同時に起こる確率が、一方が単独で起こる確率よりも高くなることは、計算上ありえないのです（Ｗｅｂ検索する際の、キーワード数とヒット数の関係を想像してみてください）。したがって、実際にはAである確率のほうが高いのです。しかし、私たちは「フェミニズム運動に熱心である」という、リンダの印象に近い情報に引っ張られて、そちらのほうがありそうだと思ってしまうわけです。これは「連言錯誤」と呼ばれています。連言錯誤は、典型的な情報に依存しすぎて判断を誤ってしまう現象です。こうしたひとつの典型的な情報にだけ注意を向けて物事を決めようとする判断の仕方は、「代表性ヒューリスティック」と呼ばれています。

サンプルサイズの無視

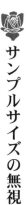

「二つのお菓子AとBがあります。調査の結果、80％の人がAよりBのほうをおいしいと評価しました」と言われたらどうでしょうか。80％と言われて、やっぱりBがおいしいに違いないと思ってしまいませんか。けれど、何人を対象にした調査だったのでしょうか。5人の調査で4人がBを選んだのと、1000人の調査で800人がBを選んだのとでは、まったく話が違います。前者では、おいしさに違いはないにもかかわらず、偶然4人対1人に意見が分かれただけかもしれません。しかし後者ならBのほうのおいしさの評価をかなり信頼できますね。

私たちは、代表値（パーセントや平均のように、集計結果をまとめあげた数値）を聞いただけでそれに引っ張られます。どれだけのデータ数（サンプル数）だったのかをあまり気にしません。こうした「サンプルサイズの無視」も、代表性ヒューリスティックが用いられた結果として生じるものです。野球の実況で、代打が登場したとき、解説者が「このバッターは打率5割ですよ。期待できますね」と言ったとしたら、素直に受け止めてしまいますか。年間を通してバッターボックスに立って5割打てるなら、きわめて優秀な打者で期待できます。しかし、過去2打数1安打だとしたらどうでしょう。それでも期待の度合いは同じでしょうか。

ランダムを好む

次の2枚の宝くじがあるとします。番号は「111111」と「175294」です。どちらか1枚をもらえるとしたら、あなたはどちらを選びますか。おそらく多くの人が「175294」を選ぶだろうと思います。

どちらの宝くじも当たる確率は同じです。それにもかかわらず多くの人がゾロ目でない番号を選びます。そちらのほうが当たりそうな気がするからです。ランダムに近い並びとそうでない並びの間には、心理的に大きな差があるようなのです。

ルーレットで赤が連続で５回出ました。次は赤と黒のどちらに賭けますか。黒に賭けたくなるでしょうが、どちらが出るかは五分五分です。５回も赤が続いたのだから今度は黒だろうと、つい思ってしまうのです。これは「ギャンブラーの誤謬」と呼ばれています。

その一方で、ランダムに起こるはずのことがランダムにならずに、同じ出来事が続いて起きたとき、私たちはその一連の出来事はランダムでないと錯覚してしまう場合もあり、それは「クラスターの錯覚」と呼ばれています。実力に差がないはずの相手に対して、ずっと負けが続くと「スランプだ」ということがあります。確かに調子を落としてスランプになっている可能性もありますが、ただ単に負けが連続しているだけかもしれません。

基準となる情報が与えられたとき

参考として与えられた情報が、判断に影響することも知られています。「フランスの失業率は９・９％ですが、ドイツではどれくらいだと思いますか」と尋ねられた場合と、「イギリスの失業率は２・８％ですが、ドイツではどれくらいだと思いますか」と尋ねられた場合とでは、失業率は前者のほうで高めに予想される場合が多いようです。[11] つまり、それぞれ参考として示された数値と近い値になりやすいのです。数値がちょうど錨（アンカー）の役割を果たし、回答がそこに引き寄せられるわけです。これは「アンカリング」と呼ばれています。

できるだけ素早く答えの見積もりをさせる実験をするとします。「８×７×６×５×４×３×２×１」と

「1×2×3×4×5×6×7×8」とでは、見積もり結果に違いが出ます[12]。前者のほうが大きな値になるのです。最初に示される数字がアンカーの役割を果たし、見積もり結果にバイアスをかけてしまうわけです。

5　選んで決める心

私たちは日常生活の中でさまざまな意思決定をします。複数の選択肢からひとつを選ぶ、ある行為をするかしないか決めるなど、これまで何度も意思決定をしてきたはずですし、今後もそうでしょう。では、私たちはどれほど合理的な意思決定ができるのでしょうか。

表現の影響

人間の意思決定は、与えられた情報の表現に左右されてしまうことがあります。ある手術を受けるかどうか意思決定しなければならないときに、「成功率90％」と言われるのと「失敗率10％」と言われるのとでは、手術に対する気持ちが少し違ってきます。前者だと大丈夫そうな感じがしますが、後者で伝えられるとちょっと不安になります。示していることは同じでも、成功が前面に出ているのと失敗が前面に出ているのとで、受け手に与える印象が異なるためです。こうした、情報表現（フレーム）の違いによって人間の意思決定が影響を受ける現象は「フレーミング効果」と呼ばれています。

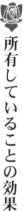

所有していることの効果

意思決定の時点で気にしなくてよいはずの事実に引きずられることがあります。たとえば、あなたがサッカーの観戦チケットを5000円で買ったとします。後日、その試合と同じ日の同じ時刻に開始する、野球の観戦チケット（5000円相当）を友人からもらいました。あなたにとってはどちらも同じくらい魅力的です。どちらの観戦に行きますか。サッカー観戦を選ぶ人が多いのではないでしょうか。意思決定の時点では、あなたにとってどちらも同じ価値・同じ魅力のはずです。しかし、サッカーの観戦チケットのほうはあなた自身の5000円の投資があります。その投資が惜しいですよね。この埋もれた投資によって意思決定が影響を受けるのです。これは「サンクコスト効果」あるいは「コンコルド効果」と呼ばれています。

自分がずっと所有してきたものを売るときのことを考えてください。買ったときより高い価格が妥当だと思っていませんか。私たちは自分の保有しているものに対して高い価値を与える傾向があるのです。これは「保有効果」と呼ばれています。

後悔の回避

私たちは、自分で選んで決めたことが悪い結果をもたらすことを恐れ、その決定を回避することもあります。たとえば、次のような状況を考えてみてください。

子どもの間でインフルエンザが大流行しています。科学的な見積もりでは、1万人のうち10人の子どもが感染死することがわかっています。ワクチンを接種すれば感染死を免れることができます。ただし、ワクチンには副作用があり、副作用で死ぬ可能性もあります。さて、あなたに子どもがいるとして、ワクチンの副作用で死ぬ確率が1万人に何人くらいだったら、子どもにワクチン接種をさせますか。

いかがでしょうか。10人よりも小さい数字を考えた人が多いのではないでしょうか。死ぬ確率だけを考えれば、ワクチン接種をせずに死ぬ確率と同じ程度まで副作用を許容してもよいはずです。しかし、多くの人は死ぬ確率が同じならワクチン接種はさせないほうを選びます。こうした現象は「省略バイアス」と呼ばれています。[10] 人間は自分が選択したことで後悔をしたくないようなのです。

人間は現状のまま安定しているほうを望む傾向があります。現状を抜け出して新しい状態に移る場合、コストもかかりますし、リスクもともないます。それを嫌うわけです。こうした傾向は「現状維持バイアス」と呼ばれています。電力自由化になっても今の契約を変更しないのも、他の保険会社からの勧誘があっても保険を替えないのも、今の住まいから引っ越ししないのも、現状維持バイアスが働いているからかもしれません。

もらえるものは確実にもらいたい

次のような二つの選択肢があったとします。あなたはどちらを選びますか。

Ａ：必ず80万円もらえる

Ｂ：１００万円もらえるが、15％の確率で1円ももらえない

では、次のような二つの選択肢だったらどうでしょう。

A：必ず80万円支払う
B：100万円支払うが、15％の確率で1円も支払わなくてよい

もらえる場合はAを、支払う場合はBを選ぶ人が多いと思います。では、それぞれの金額に確率をかけて見込みの額を計算してみましょう。Aは80万円、Bは85万円（100万円×0・85＋0円×0・15）となります。よって、もらえる場合はBを、支払う場合はAを選んだほうが、計算上はよいはずです。しかし、多くの人は逆の選択をしてしまいます。利得に関わる状況だと、もらえるものはもらっておいて、もらえない可能性は避けたいのです（リスク回避）。一方、損失に関わる状況だと、支払わなくてもよい可能性のある選択肢に賭けてみようという気持ちが表れやすいのです（リスク志向）。

選択肢の影響

メニューに書かれている品目が多すぎて、何を注文するか決められなくなったことはありませんか。選択肢の数は意思決定に影響します。多すぎる選択肢は意思決定を押しとどめる方向にはたらくのです。「選択肢過多効果」と呼ばれています。選択肢が増えると、選択するときに記憶に負荷がかかることや、選ばない選択肢が増えることで、もし選ばなかったものの中に良いものがあったときに、後悔する可能性が高まるからです。

一方、意図的にある選択肢を置くことで、意思決定を誘導することも可能です。ある居酒屋の飲み放題コースは、Aコースは5品付きで3500円、Bコースは7品とデザート付きで4500円です。あなたが幹事だとしたらどちらを選びますか。安く抑えるならAコース、品数ならBコースですね。意見が分かれるかもしれません。では、この2コースのほか、デザートなしの7品4500円のCコースがあったとしたらどうでしょ

うか。Bコースを選びたくなる人が増えるのではないでしょうか。Cコースはいわば「おとり」です。これを選ぶ人はほとんどいませんが、それがあることで、AコースよりもBコースを選ばせる効果を発揮します。これは「おとり効果」と呼ばれています。

また、私たちは一般に評価が中間のものを選びやすいことも知られています。価格のランクで高価なほうから松、竹、梅なら（もちろん内容の良さもこの順番ですが）、中間の竹を選ぶ人が多いということです。これは「妥協効果」と呼ばれています。

6 自分に都合よく思い出す心

あなたの記憶は正確ですか。もちろん正確に覚えていることも多いでしょう。しかし、誤って記憶していたり、思い出すときにゆがんだりしていることもきっとあるはずです。どのような要因が記憶に影響するのでしょうか。

偽りの記憶

ある物事が起こった後に示される情報に誘導されて、記憶違いが起こることがあります〈事後情報効果〉、第4章を参照）。ある研究によれば、交通事故の映像を見た後で「自動車がぶつかったときのスピードはどのくらいでしたか」と尋ねられた場合と、「自動車が激突したときのスピードはどのくらいでしたか」と尋ねられた場合とでは、後者のほうが速いスピードを答えやすいことがわかっています。さらに、その1週間後に「割れたガラスの破片を見ましたか」と尋ねられると、ガラスの破片は実際には存在していなかったにもかかわらず、「激突」という言葉で質問された人たちのほうが、「ぶつかった」という言葉で質問された人たちよりも、「見た」と答える割合が多かったのです。[7]

架空の出来事を頭の中で想像することで、偽りの記憶がつくり上げられることもあります。ある研究では、さまざまな出来事（「ガラスを手で割った」など）に対して、実験の参加者にそれを子どもの頃に経験したことがあるかどうかの確信度を尋ねました。2週間後に、その中のいくつかの出来事を頭の中でイメージさせた後、再びそれぞれの出来事を経験したかどうか確信度を尋ねると、途中でイメージしなかった場合よりも、イメージした場合に確信度が高くなったのです。[2] この現象は「イマジネーション膨張」と呼ばれています。

自分の過去の美化・正当化

私たちは自分の過去を美化しがちです。昔どこかへ旅行したときのことを思い出してみましょう。楽しかった記憶がよみがえってきませんか。旅行中には不快な出来事も起きていたかもしれないのですが、後になって振り返ってみると、たいがいよい旅行だったと評価してしまいます。いやなことは早く忘れ去られてしまうからです。これは「バラ色の回顧」と呼ばれています。

過去の事実自体が自分に都合のよい方向に歪むこともあります。たとえば、魚釣りをする人は自分が釣った魚を実際よりも大きく話しがちです。自分の学生時代の成績を思い出すとき、実際よりも良かったように思い出すかもしれません。こうした傾向は「自己中心性バイアス」と呼ばれています。

また、過去に自分が選択したものを実際以上に良く感じ、選択しなかったものを実際以上に悪く感じることも知られています。これは「選択支持バイアス」と呼ばれています。

現在の状況の影響

態度や信念など、あまり大きく変化しないと考えられる特徴については、私たちは現在の状態との間に一貫性をもたせるようにして、過去の記憶を思い出すことがあります（一貫性バイアス）。その一方で、過去の望ましくない状態から自分自身で努力して変化したような側面については、現在との対比で、過去の自分を実際以上に劣っていたように思い出すこともあります（変化バイアス）。

ある出来事が起きたとき、「そうなると思っていたよ」というセリフを聞くことがあるでしょう。それがあたかも予想できていたかのような言葉です。しかし、そう言った人はどれほど予見できていたのでしょうか。それほど確信していたわけではないかもしれません。これは「後知恵バイアス」と呼ばれています。

7　自分自身について考える心

あなたは自分自身のことをどのくらい正しく評価していますか。自分のことは自分が一番よくわかる、確かにそうかもしれません。しかし、その評価にも主観が混ざってしまい、バイアスがかかることもよくあります。

成功は能力、失敗は状況

あなたが研究者で、論文を書いて学術誌に投稿したとします。査読（論文の審査）をパスし、見事に論文の掲載が決まりました。このときあなたはどう思うでしょうか。きっと「自分は能力がある」と、自分自身のことを高く評価したくなるはずです。一方、論文が不採択になったとしたらどうでしょうか。「査読の担当者が厳しすぎだ」とか「運が悪かった」と思うのではないでしょうか。私たちは、成功についてはその理由を自分自身に求める傾向がありますが、失敗については状況がその原因になったと考える傾向があります。こうした傾向は「自己奉仕バイアス」と呼ばれています。

過大評価と過小評価

私たちは自分の力を過大に評価することがあります。その結果、偶然に左右されるような出来事であっても、自分の意志や能力でそれをコントロールできると信じているのです。これは「コントロール幻想」と呼ばれています。宝くじは他人に買ってもらうよりは自分で買ったほうが当たりやすい気がして、わざわざ売り場に買いに行くでしょう。良いことがありますようにと、神社に出かけて一生懸命にお祈りするでしょう。また、衝動を抑える自分の能力を大きく評価しすぎていたり（自制バイアス）、メディアから出される情報に対して、自分は他の人ほど影響されないと思い込んでいたり（第三者効果）します。このように、私たちは自分の能力や性格を平均的な他者より上であると評価する傾向があり、この傾向は「平均以上効果」と呼ばれています。

過大評価の傾向には個人差があるようです。たとえば、平均以上効果は自分の評価を高くしたいという気持ちの強い人に多く認められます。また、未熟な人や能力の低い人においては過大評価が著しいようで、この現象を報告した研究者であるダニングとクルーガー(5)の名前をとって、「ダニング＝クルーガー効果」と呼ばれています。

一方、自分のことを過小評価することもあります。たとえば、困難な課題に対しては、自分を平均的な人よりもできないと過小評価する傾向があり、こちらは「平均以下効果」と呼ばれています。

将来についての思い込み

あなたは自分の将来をどう考えているでしょうか。良くないことが起きるだろうとか、ひどい目にあうだろうなどと考えている人は少ないでしょう。なんとかなる、きっと悪くはない、そう思っている人が多いと思います。私たちは、自分の今後を楽観的に考えています。これは「楽観主義バイアス」と呼ばれています。

これからある課題を行わなければならない場面を考えてください。あなたはそれをいつごろまでにできると予想しますか。あなたが考えたその見通しは甘い可能性があります。作業が完了する見通しに関して、私たちはそれが実際より早くできると思いがちで、こうしたバイアスは「計画錯誤」と呼ばれています。

将来、さまざまな出来事が起こる可能性があります。なかには悲しい出来事もあるでしょう。試験での不合格や恋人との別れがあるかもしれませんね。そのときのあなたの悲しみはどれくらい強いでしょうか。また、どのくらいの期間その感情が続くと思いますか。実は、多くの人がその強さや持続する時間を過大評価することが知られています。「そんなことが起きたら私は二度と立ち直れない」とか「1週間は引きこもりそう」などというのは、実は大げさな予想なのです。これは「インパクトバイアス」と呼ばれています。

8　他者について考える心

私たちはしばしば他者のことを気にかけ、その人の内面を推測しようとします。その人はどんな人なのか、今どんな気持ちなのか、何を考えているのかなど、実際には目に見えないものの、表現や言動など目に見えるさまざまな手掛かりを利用して推しはかります。しかし、その推測した結果もまた、しばしば誤ったものであることがあるのです。

他者を評価するときの歪み

私たちは、その人の特徴のひとつから、その特徴をもっている人たちに一般的だと思われている傾向を当てはめようとします。たとえば、東北の出身だと聞いたら「素朴な人なのかな」と思ったり、大阪出身だと知ったら「面白いことを言って笑わせてくれそう」と思ったりするわけです。これを「ステレオタイプ化」と言います。ステレオタイプ化は、出身地のみならず、性別、職業、人種、血液型などでも生じます。

その人に何かひとつ素晴らしい特徴があると、それ以外の特徴も優れているのではないかと判断してしまうことがあります。これは「ハロー効果」と呼ばれています。たとえば、あるスポーツ競技において全国大会で優勝したとか、ピアノのコンクールで何度も優勝しているなどと聞くと、「きっと人格的にも素晴らしい人だろう」と思ってしまうかもしれません。

また、ある人について複数の情報にふれたとき、その中に好ましくない情報が含まれていると、それを過大に感じてしまい、その人に対する印象が悪いものになることがあります。好ましい情報よりも好ましくない情報のほうが影響力が大きいのです。これは「ネガティビティ・バイアス」と呼ばれています。

他者の知識を想像できない

専門家の話がわかりにくいと感じたことはありませんか。専門家は専門家でがんばって素人向けに話しているつもりなのですが、それでもやはりわかりにくいことがあります。専門家はその領域に関して非常に多くの知識をもっています。人間はいったんその知識を得てしまうと、それを獲得する前は自分の知識がどのようであったか、またその知識をもっていない他者がどのような状態であるかを、想像できなくなってしまいます。これは「知識の呪縛」と呼ばれています。

他者の心を勝手に推しはかる

私たちは、自分自身が物事をありのまま見ており、なんら偏ることなく客観的なとらえ方ができていると思う傾向があります。これは「ナイーブ・レアリズム」と呼ばれています。こうした思い込みによって、自分のとらえ方は客観的なのだから、他者も自分と同じようにとらえているはずだと思いがちです。このように、自分と同じ状況にいる他人の内面（見方やとらえ方）を推しはかるときには、自分の内面が投影されて、相手も同じように思っているはずだと考えてしまうのです。

一方、他人の心の状態は自分とは異なるだろうと推測する場合もあります。たとえば、共同で作業をして、作業がうまくいった場合とうまくいかなかった場合を考えてみましょう。それぞれの際に、自分と相手がどのくらい貢献したか、どれくらい責任を負うかをお互いに評価します。また、相手がどのような評価をしているかも推測します。どんな結果が得られるでしょうか。ある研究によれば、作業がうまくいった場合、自分は公平な評価をしているのに、相手はその人自身が貢献した割合を大きく見積もっているだろうと考えます。作業がうまくいかなかった場合、自分は自分の責任を大きく見積もっているのに、相手はその人自身の責任を低く見積もっているだろうと考える傾向があることがわかっています。[6] つまり、相手は自分とは異なり、自己中心的な評価をしているだろうと推測するわけです。推測する際に見られるこのような傾向は、（人間は自己中心的な生き物であるとシニカルに考えているという意味で）「ナイーブ・シニシズム」と呼ばれています。

他者はなぜその行為を行ったのか

物凄い形相で他人に怒りをぶつけている人を目撃したとしてください。あなたはその人のことをどう思いますか。なんて乱暴で怒りっぽい人なのだろうと思うのではないでしょうか。もしかしたら、その場の状況にその人を怒らせる原因があったのかもしれません。しかし、そのようなことはあまり頭に浮かばないと思います。

私たちは一般的に、ある人がある行動をとる原因をその人の内面に求め、状況の影響は小さいと考える傾向があります。これは「基本的な帰属の誤り」あるいは「対応バイアス」と呼ばれています。そのため、その行為を行った人は内にそのような性質をもっていると勝手に思いがちです。その反面、行為を行うのが自分であるときには、その逆の傾向、つまり、自分がそのように行動する原因を状況に求めてしまうことがあります。とくに結果が思わしくない場合にはそうです。たとえばテストで悪い点をとった場面を想像してください。自分の努力不足や能力のなさを思うでしょうか。むしろ、問題が難しかったとか、運が悪かったとか、そう思う人が多いでしょう。しかし、あなたが母親で子どものテストの結果が悪かった場合は話が違います。子どもに「なぜもっと勉強しないの」と言うに違いありません。つまり、行為する側であるか観察する側であるかによって、原因をどこに求めるかの傾向が異なるわけです。これは「行為者-観察者バイアス」と呼ばれています。ただし、すでに述べたように、行為する側であっても自分の行為によって成功したときには、自分自身のもつ性質に理由を求める傾向があります。すなわち、成功は自分のおかげ、失敗は状況のせい、という自己奉仕バイアスが生じるのです。

他者は自分のことをどう思っているか

あなたが他人の内面を推測しているように、他人もあなたを観察し、内面を推察しています。では、他者のあなたに対する認識を、あなたはどのくらい正しく認知できているのでしょうか。

朝、天気予報を確認せずに服を着て出かけたところ、その日の天気にそぐわない服装だったという経験はありませんか。「しまった、自分だけ周りから浮いている。恥ずかしい」そう思ったかもしれません。ところが案外、周囲の人はあなたの服装のことなどまったく気にしていないものです。私たちは、自分の外見や行動が他者に注目されていると考えすぎる傾向があります。これは「スポットライト効果」と呼ばれています。

人前で発表するとき、とても緊張しますね。顔がほてったり、汗が出たり、言いよどんだりするでしょう。発表が終わり、それを聞いてくれていた友人に「緊張していたのがわかったでしょ」と言ったとき、「そんなに緊張しているようには見えなかったよ」という答えが返ってくるかもしれません。自分の内面は意外と他人にはわからないものです。それにもかかわらず、私たちは自分の内面があたかも他者に透けて見えているかのように錯覚していることが知られています。これは「透明性の錯覚」と呼ばれています。

9　集団について考える心

私たちは、一人ひとりバラバラに生きているわけではありません。何かしらの集団に属しています。会社や学校という組織であったり、クラスや部活・サークルのような集団であったり、あるいは家族という小さな単位であったりと、その規模はさまざまです。そうした集団の特徴が、メンバーの評価に影響することがあるのです。

集団の大きさの影響

ある集団内の個々のメンバーをどのように評価するかは、その集団全体をどう評価するかにも影響してきます。そして、個々のメンバーの評価が全体の評価に及ぼす影響力は、大きな集団においてより、小さな集団においてのほうが強いようです。ある研究(3)では、大きさの異なる二つの集団の各メンバーについて、その行動を記した文を実験の参加者に読んでもらいました。行動には望ましいものとそうでないものがあり、それぞれの比率はいずれの集団においても9対4になっています。その後、2種類の行動がそれぞれの集団でどのくらいあったか、実験の参加者に推定してもらうと、望ましくない行動の割合は、小さな集団において高く見積もられる傾向がありました。集団が小さい場合には少数の望ましくない行動が目立つために、その集団と望ましくない行動の間に「誤った関連づけ」が生じたのです。小さな集団のメンバーが通常とは違う行動をすると、それだけで「あの集団にはそういうことをする人が多い」という評価になってしまうのはよくあることですね。

集団のメンバーに対する印象

自分が所属している集団のことを「内集団」、所属していない他の集団のことを「外集団」と言います。内集団と外集団とでは、その中のメンバーに対する認識や印象が異なります。

外集団のメンバーに対しては、一人ひとりをよく把握していないためか、なんとなく同じような人が多いような印象を受けませんか。それに対して、自分の所属している内集団のメンバーは、多様性に富んでいるような気がします。これは「外集団同質性効果」と呼ばれています。

さらに、内集団のメンバーは、外集団のメンバーよりも優れているように感じ、内集団のメンバーのことをひいきしてしまう行動も現れます。これは、「内集団バイアス」あるいは「内集団びいき」と呼ばれています。第三者から見るとどちらの集団も同じような能力や特徴をもっていたとしても、それぞれの集団で内集団バイアスが生じる可能性があります。同レベルのライバル校同士で、「自分たちの学校のほうが優れているよね、向こうはだめだよね」などと言い合いをしていませんか。

そのメンバーはなぜそのような行動をとったのか

内集団は自分、外集団は他者という関係を考えるならば、内集団のメンバーの行動は自分がとった行動、外集団のメンバーの行動は他者がとった行動という関係になります。したがって、ある行動の原因をどこに求めるか考える際にも、それに合致したバイアスがかかることになります。つまり、内集団メンバーの望ましい行動は当人の内側に、望ましくない行動は運や状況といった外側に、原因を求めようとするわけです。一方、外集団メンバーの行動についてはその逆になります。これは「究極的な帰属の誤り」と呼ばれています。スポーツの国際大会で、日本人選手が勝利すると選手の努力や能力がクローズアップされ、外国人選手が勝利して日本人選手が負けると、審判の判定や競技会場の悪さが取り上げられることがしばしばありますね。

推薦図書

Motterlini, M.（2008）*Trappole mentali.* Rizzoli, Milano.〔泉典子訳（二〇〇九）『世界は感情で動く――行動経済学からみる脳のトラップ』紀伊國屋書店〕

行動経済学からみる「脳のトラップ」という位置づけで書かれた図書ですが，いわゆる認知バイアスについて幅広く解説しています。ところどころに問題やクイズが散りばめられており，考えながら読み進めることができます。また，認知バイアスを表す用語についても適切な箇所で解説コラムのように記されています。

McRaney, D. (2012) *You are Not So Smart: Why You Have Too Many Friends on Facebook, Why Your Memory is Mostly Fiction, and 46 Other Ways You're Deluding Yourself.* Gotham Books, New York.〔安原和見訳（二〇一四）**『思考のトラップ——脳があなたをダマす48のやり方』**二見書房〕

認知バイアス，ヒューリスティック，論理的誤謬を三大テーマとして，48の思考トラップについて解説しています。各解説の冒頭で，多くの人が信じている事実を「ウソ」として取り上げ，それとは異なる事実を「ホント」として，それについて詳細な解説を展開しています。

第2章 アマラとカマラ
——オオカミ少女神話の真実

【鈴木光太郎】

1 はじめに

インドのオオカミ少女の話はどこかで耳にしたことがあるかもしれません。１００年近く前、インドの森の中でオオカミに育てられた2人の女の子が発見されました。発見当時はオオカミのように振舞い、人間らしいところは微塵もありませんでした。年少のほうは発見後1年して亡くなり、年長のほうは9年後に亡くなります。この年長の女の子については、養育者であったシング牧師夫妻との間に多少の愛着関係が生じました。しかし、知的な能力はほとんど発達することがありませんでした。この話は、幼いときの環境や教育がいかに重要かを示す事例として、教育関係者によって好んで用いられてきました。

実話として信じられているこの話には、考えてみると、おかしなところがいくつもあります。動物の専門家から見れば、オオカミが人間の子どもを育てるはずがありません。[12][13] オオカミの乳の成分は、人間の赤ん坊が消化できるようなものではないからです。それに、ある動物がほかの動物種の子どもを育てるということも、自然界では起こりうることではありません。確かに、カッコウの「托卵」のように、習性として他種の鳥に子育てをさせる場合がありますし、人間が介入することによって、種を越えた里親・里子関係をつくることもできます。けれども、自然界で、種を越えた養母・養子関係ができることはありません。流産や死産をしたばかりの母親が、同種のよその子を育てるということならありえますが、オオカミの母親が人間の赤ん坊を育てることなど、ありえるはずがありません。

これまでも、何人かの研究者は、この話に疑いのまなざしを向けてきました[3][12][13][14]。アマラとカマラについては、シングによる詳細な記録と写真が残されています。通常なら、これこそが動かぬ証拠です。しかし、その記録と写真を子細に見てゆくと、さまざまな矛盾点が浮き彫りになってきます。

この章では、第2節でこのアマラとカマラの「実話」を紹介し、第3節では証拠とされた写真と記録について不審点を検討してみます。続いて第4節では、これらの写真と記録の信憑性について考えます。最初に結論を言ってしまうと、証拠とされる写真と記録はシングの捏造です。第5節では、インドで現地調査を敢行したオグバーンとボーズの報告を紹介します。第6節では、なぜこの話が実話として受け入れられたのかを考えてみます。

2　アマラとカマラ

まず、アマラとカマラの発見とこの話が有名になった経緯について、少し詳しく述べておきましょう。1920年10月、インド東部のカルカッタに近いミドナプールという町で牧師をしていたジョゼフ・シングは、近隣の村々を伝道して回っていました。ある日立ち寄ったゴダムリという村で、森に化け物がいるという噂を耳にし、好奇心から村人たちとそれを確かめに出かけます。シングは、オオカミと一緒にいる化け物に何度か遭遇し、それが人間の子どもだと直感します。オオカミたちを追い払ったり殺したりしたあと、シングたちは、オオカミの穴の中にいた2人の子どもを発見し、捕獲します。

2人の子どもは、裸で、四つんばいで歩き、オオカミのようなうなり声をあげました。言葉らしきものはまったく話しませんでしたし、その行動にも、人間らしいところはまったく見られませんでした。シングは、教会に付属した孤児院も経営していましたので、2人を連れ帰って、夫人とともに養育にとりかかります。

子どもはどちらも女の子でした。シングは、体の大きさから小さいほうが1歳半、大きいほうが8歳と年齢を推定しました。彼は、小さいほうをアマラ、大きいほうをカマラと名づけました。

最初、2人の女の子は、オオカミのように振舞い、四つ足で歩き、生肉を好んで食べました。食べるときは、手を使わず、口をそのまま食物にもっていきました。夜中に活動的になり、オオカミのような吠え声やうなり声をあげました。夜のほうが、ものもよく見えました。鋭い嗅覚ももっていました。

年少のほうのアマラは、発見の1年後に病死します。その死に際して、カマラは2粒の涙を流しました。アマラの死の直後から、シング夫人はカマラの体を撫でさすってやるようになりました。このスキンシップによって、夫人との間には少しずつ愛着関係が生じ始めました。一方、シング牧師は、カマラに何度か歩行訓練を試みました。その結果なんとか立って歩けるようになりました。しかし、言語的なコミュニケーションは、訓練しても、進歩は遅々としていました。使えるようになった語彙は、1926年までに30語。最終的に習得できたのは、45語にしかなりませんでした。カマラは1929年に亡くなります。

このオオカミ少女の話は、1926年10月にイギリスの『ウェストミンスター・ガゼット』紙とアメリカの『ニューヨーク・タイムズ』紙に報じられます。専門家も、一般市民も、この話に並々ならぬ関心を抱きました。それは、動物に育てられた人間というショッキングな出来事だったからというだけでなく、この問題が発達や教育、言語や人間性に直接関わることだったからです。1928年には、ニューヨーク心理学会が、シングにカマラを同伴しての招待講演を依頼しました。しかし、シングは、カマラの健康状態が悪いことを理由にそれを断り、カマラは翌年に亡くなってしまいました。

シングは、養育の日記を詳細につけていました。しかも、彼女たちの写真も撮っていました。この日記を報告としてまとめたものと20枚ほどの写真が、人類学者のロバート・ジングの尽力によって１９４２年に1冊の本として出版されます[17]（カタカナで書くとまぎらわしいですが、アルファベットではSinghとZinggです）。

この本には、アマラとカマラの記録そのものだけでなく、ジングの解説が添えられ、さらにそれまでの野生児の事例についてのジングによる再検討も加えられていました。ただし、シング牧師は、その出版を見ることなく、１９４１年に他界しています。

この同じ１９４１年、すなわちシングの本の出版の前年、アメリカの発達心理学の大御所であったイェール大学のアーノルド・ゲゼルは、この話を紹介する本を出版します[5]。これは、シングの日記と本の草稿を読んで感動したゲゼルが、一般向けにこの実話を解説したものでした。出版予定のシングの本から借りてきた9枚の写真が、この本の扉を飾っています。この本が、アマラとカマラの話を広めるのに大きく貢献しました。著者が発達心理学の第一人者だったため、読者の多くは、この話を疑うことなく、そのまま受け入れました。

しかし、ゲゼルの本は、さまざまな点で問題があります。読者の関心に応えるように、シングの記録に手を加えている（脚色している）からです。たとえば、母オオカミがどのようにして2人の少女を育てるようになったかを克明に述べています。晩秋の午後に、野良仕事をしていた母親が刈り株にうつぶせに置いておいた赤ん坊を、たまたま通りかかった「やもめ」オオカミが興味を示して、やさしく口にくわえて自分の巣に連れて帰ったというのです。カマラは順調にオオカミのように育ち、その7年後、この母オオカミは、あろうことか、また人間の赤ん坊（アマラ）を巣に連れ帰り、育てるのに精を出したというのです。

ゲゼルの本では、アマラとカマラを育てた母オオカミは、まるで人間の母親のように愛情深い存在として描かれています。人間らしくなく育つオオカミ少女たちは、人間味あふれるオオカミに育てられたというわけです。

3 写真と記録の不審点

ゲゼルの本の脚色はともかくとして、それがもとにしているシングの証拠写真や報告にもおかしな点がたくさんあります。まず写真について、ここでは3枚についてだけ不審点を指摘しておきます。

図2-1は、アマラとカマラが重なり合って眠っている写真です。これは、２人がミドナプールに連れてこられてすぐの頃にシングが撮影したものです。この写真の中でアマラ（あるいはカマラ）はどちらでしょうか？ 迷った人もいるかもしれません。２人はほとんど同年齢のように見えます。私がこの写真を１００人の大学生に見せて２人の年齢を推定させてみたところ、平均で左上の子が5・5歳、右下の子が5歳という結果になりました。アマラが1歳半、カマラが8歳という年齢は、体の大きさをもとにしてシング自身が推定したものです。ほぼ同年齢に見えるということは、写真の２人は彼女たちではないということになります。

さらに、日中野外で寝ているということも不自然です。シングなら、彼女たちがオオカミの習性をもち、オオカミは夜行性なので昼間寝ると説明するかもしれませんが、それなら、どこか暗い隅を寝場所に選ぶはずです。こんな野外の明るい場所で、無防備に寝るわけがありません。ただし、証拠写真を撮るという目的で、（アマラとカマラではない）２人の子どもに、こうした場所、時間、姿勢で寝てもらったというのなら、話は別です。

図2-2は、カマラが四つ足で速く走っている写真です。シングは、カマラが四つ足になって走るときには、人が追いつけないほど速かったと書いています。この写真はそのことを示しています。

しかし、人間は、骨格や関節の点でも筋肉の点でも、直立二足歩行用にできていて、訓練によって四つ足で

図2-1　重なり合って眠るアマラとカマラ (Singh & Zingg, 1942)

図2-2　走るカマラ (Singh & Zingg, 1942)

走れるようになることはあっても、二本足よりも速く走れるわけがありません。そもそも、人間が直立二足歩行できるようになるのは、成熟によるのであって、学習や経験によるのではありません。科学的にこのことを証明したのは、ゲゼルその人でした[6]。にもかかわらず、ゲゼルは、カマラが四つ足でしか移動できないことに疑問を差し挟んでいません。この矛盾については後述します。

　この写真では、動きが写るように二重露出の撮影テクニックが用いられています。しかし、よく見ると、これはカマラが走っているのではありません。背景も二重にずれているからです。つまり、この少女を四つ足の姿勢で静止させておいて、カメラの位置を移動させて撮影したものなのです。四つ足で走っているように見せようという撮影者の作為がそこに見てとれます。

　図2-3の写真では、カマラが木に登っています。カマラはオオカミのように四つ足で走るというのに、木に登ったりするでしょうか。オオカミは通常は木に登ったりしません。ところが、インドには、オオカミが木に登るという迷信があるといいます。シングは、記録の中でカマラが「オオカミのように」木に登るのを好んだと記

図2-3　木にのぼるカマラ（Singh & Zingg, 1942）

しています。写真は、この迷信に合わせて、オオカミらしさを誤って演出したものなのではないでしょうか[13]。

記述についても、不審点がいくつも見つかります。そのうち、おもなものを４点だけあげてみましょう。

１点目は、真暗闇の中では、アマラとカマラが眼を青白く光らせてものを見ているという記述です。この記述は報告の中で何度も出てきます。これもありえないことです。光が向けられれば、眼底の反射によって眼から光が返ってくる可能性もなくはありません（ただし、夜行性の動物に見られる、眼底の特殊な反射膜であるタペータムは、人間にはありません）。しかし、記録には、真暗闇の中で眼が青白く光ることによってものを見ており、しかも真暗闇のほうがよく見えると書かれているのですから、これは、眼底の反射とは別です。夜行性の動物でさえ、光がないところでは眼は光りません。おそらく、シングは、オオカミは闇の中で眼を自分から光らせてものを見ていると（誤って）信じていたのかもしれません。

２点目。シングの記録では、アマラとカマラの夜行性の性質が強調されています。昼間寝ていて、夜にだけ活動的になったと書いています。木に好んで登り、生肉しか食べようとしなかったともあります。すなわち、オオカミのようだったというのです。しかし、実際のオオカミは、夜行性と昼行性の中間の生態を示し、木に登ったりはしません。アマラとカマラについての記述は、ことさらに、シングが思い描く（誤った）オオカミらしさが強調されています。きわめつけは、アマラとカマラの犬歯がオオカミのように長く尖っていたというものです。ヒトの場合、長年の皮なめしで歯が磨り減ることはあっても、オオカミのような生活を送ることで、歯が長く伸びたりすることはありえません。

3点目。彼女たちを捕獲したときのことです。シングは、ほかの村々を伝道するためにゴダムリ村を去らざるをえず、彼女たちを木の柱でつくった柵の中に閉じ込めて、なんと5日間水や食物をまったく与えることなく放置したのです。1歳半の子どもが、5日間まったく飲まず食わずの状態におかれれば、ふつうなら息絶えてしまうはずです。8歳の子どもでも、生き延びることができるかどうか。しかし、戻ってみると、2人とも弱りながら、生きていたというのです。オオカミ少女の話自体が常識を超えた話であるために、こうした個々のディテールの不自然さが見逃されてしまいがちですが、これは明らかにありえないことです。

4点目。シングは、カマラが習得できた語彙は40語程度だったと記しています。リストの中に記録されているのは45語で、しかも名詞だけです。しかし、日記の記述を読むと、カマラは動詞や形容詞も使っていますので、使える語を数えてみると40や45語どころではなく、かなりの数にのぼります。数字やリストを出してきているので報告は正確そうな印象を与えますが、子細に見てゆくと、食い違いがあちこちに見つかります。

実のところ、疑問点はあげてゆくときりがありません。そのほかおもないくつかについては、以下で個別の問題を論じるときにも触れることにします。

4 写真と記録は動かぬ証拠か

「百聞は一見に如かず」ということわざがあります。このことわざどおり、写真や映像で示されると、私たちは、疑うことなく、それが真実だと信じてしまう傾向があります。この傾向は、論理的な思考を組み伏せてしまうほど強いことがあります。もちろん、写真は、場合によっては動かぬ証拠になります。しかし逆に、証拠として、これほど信用のおけないものもありません。

写真は、固定された位置から限られた範囲の空間を一瞬だけとらえたものであり、撮った後から修正も、トリミングもできます。さらに、演技をさせて撮ったり、やらせで撮ることもできます。

このことは、これまでのさまざまな証拠写真の捏造事件が例証しています。ネス湖の恐竜（ネッシー）を撮ったとされる有名な最初の写真は、湖に浮かべた模型を撮ったものでした。アメリカで１９５０年代に撮られたＵＦＯの写真も、実際は葉巻や釜型の電気洗濯機を空中に吊るして撮影したものです[7]（図2-4）。しかし、そのことを知らずに写真を見た人々の多くは、簡単にだまされてしまいます。その写真に、まことしやかな解説がつけられていれば、そのように見て、その存在を信じてしまうのです。心理学で言う「確証バイアス」です。

一例をあげてみましょう。**図2-5**は、カマラが野原に座って、手に何かを持って、カメラに顔を向けている写真です。これだけであれば、なんの変哲もないスナップ写真です。ところが、これは、カマラが鳥の内臓を食べている写真だという解説がつきます。彼女の嗅覚は鋭くて、肉の腐臭に敏感で、60メートルも離れた場所に捨ててあった鳥の内臓を嗅ぎあてて、その内臓を食べているところを発見され、これはそのときに撮ったものだというのです。こういう解説がつくと、つまり写真の見方が示されると、そうも見えなくはないから不思

図2-4　ネッシーと UFO の証拠とされた写真

図2-5　捨ててあった鳥の内臓を食べるカマラ
(Singh & Zingg, 1942)

議です。しかし、写真の中で手に持っているのが鳥の内臓かどうかは判断のしようがありません。しかも、この内臓を食べるときにはカマラは凶暴な顔つきになったという記述がありますが、はたしてそのような表情をしているでしょうか。ほかの写真にも、解説が添えられていないかぎり、ごくふつうのスナップ写真としてしか見えないものがあります。シングの写真に、明らかにおかしな点があることについては、先に述べたとおりです。

ところが、アマラとカマラの話が実話だとゲゼルに確信させたのは、ほかならぬこれらの写真でした。ジングは、「正常児の研究に何千枚もの写真を利用してきたゲゼル博士の専門的見解によれば、これらのスナップ写真にこそとくに価値がある」と書いています。ゲゼルは乳幼児の研究に映画や写真を積極的に採り入れて画期的な研究をしましたが、写真の真偽の判別は、それとはまた別の話です。先入観をもたずに、多少のカメラの知識と常識をもって写真を見れば、いくつかの奇妙な点に気づくことができたはずなのです。

シングの本の冒頭では、現地の2人の権威ある人物が、内容が真実であることを証明する文書を寄せています。ひとりはミドナプールの地方判事のウェイト判事、もうひとりはシングの上司のパケナム＝ウォルシュ主教です。しかし、前者が書いていることは、自分がシングの知人であり、シングが嘘をつく人間ではないということだけです。彼自身は、アマラもカマラも見たことがありません。後者は、シングの孤児院を訪れた際に、二度カマラに会ったことがあり、シングの書いているとおりであったと証言しています。さらに、その訪問の際にシングの日記も見たと述べています。しかし、彼は、言ってみれば身内です。加えて、本文中には、アマラとカマラそれぞれの死亡証明書の文面が出てきます。最期を看とった医師のサルバディカリが書いた書類です。この3人は、シングが立てた証人です。

ジングは、発達心理や野生児やインドに詳しい4人の専門家に、シングの日記や写真を見てもらい（そのひとりはゲゼルです）、それぞれから、日記が本物だという鑑定結果を得ました。しかし、その鑑定内容はと言えば、記録に不整合な箇所がないとか、ありえないことではない（積極的にありえると言っているわけではありません）とかいった以上のことではありません。これが、ジングが立てた証人です。これらの鑑定結果や序文が、シングの記録を飾っています。これによって、シングの記録は、価値ある学術資料としての体裁を整えることができました。

本文中の日記の形式も、記録が正確であるという印象を与えるのに一役買っています。もとは9年におよぶ養育日記があって、本に載せてあるのは、その日記からの抜粋だといいます。日付の記載は、記述の具体性を印象づけるのに大きく貢献しています。

これらに加え、シングの記録の特徴は、記述に微に入り細をうがった箇所があり、しかもその記述が想像をはるかに超えたものであるがゆえに、逆にオオカミ少女の異常さのリアリティが際立っているという点です。常識を超えたことであるために、読む者には、そのことが強く印象づけられてしまうのです。先に述べた例では、暗い中で眼が青白く光ったとか、5日間飲まず食わずの状態においても生きていたとか、四つ足で走ると2本足で走る人間より速かったとかいった記述がこれに該当します。

別の例をひとつあげましょう。アマラの死の直前のことです。アマラとカマラは赤痢になったあと、虫下しを飲んだところ、寄生虫が生きたまま たくさん出てきました。虫は赤色で、直径が小指ほど、長さが15㎝ありました。アマラからは、これが18匹、カマラからは、なんと116匹出てきました。描写が具体的なだけに、寄生虫が蠢いている光景が目に浮かんでしまいます。

しかし、これだけ大きな虫が腸の中に116匹もいたりするものでしょうか（その全体の体積を単純計算してみると、1365㎤にもなります）。大きさからすると、寄生虫は回虫のように思えますが、注意してほしいのは、人間の場合回虫は野菜を介することが多く、アマラもカマラも、野菜は食べず、もっぱら肉を好んで食べていたことです。寄生虫学者の藤田紘一郎によれば、回虫がたくさんいて腸閉塞になった例のうち、腸にいた回虫の最多数は91匹だということです。[4]藤田自身の診た例での最多は82匹です。カマラは体が小さいにもかかわらず、116匹とこれらを凌ぎ、ほとんどギネスブック級なのです。

このように、アマラとカマラの話はありえるかありえないかのぎりぎりのエピソードで占められていて、逆にそれが、驚きをともなったリアリティを生んでいます。発見されたオオカミ少女がひとりではなく、あろうことか、2人だったということなどは、こうした例の最たるものと言えるでしょう。

5 オグバーンとボーズの調査

そもそも、専門家でアマラとカマラを見た者は誰もいません。この話に実話だというお墨つきを与えたゲゼルも、その記録を世に送り出すという産婆役を買って出たジングも、アメリカにいて、カマラを見たことはありませんでした。つまり、彼らが手にしている証拠は、海を渡って届いたシングの日記と写真と手紙しかなく、彼らの真偽判断も、もっぱらこれらの資料にもとづいていました。ということは、その判断の基準となるものは資料の内的な整合性しかありませんでした。しかし、真偽で問題にしなければならないのは、当然ながら、状況に照らしてこれがありえることなのかという外的整合性のほうです。

確かに、交通がそれほど便利ではなかった時代です。インドの片田舎まで確かめに行くには、よほどの好奇心と時間的余裕、そして体力がなくてはなりません。しかも、カマラは1929年に亡くなり、シングも41年に亡くなっています。本が出版された頃には、2人ともこの世にはいませんでした。現地に行ってみたところで、確認できることは限られています。

それでもジングは、1944年にミドナプールを訪れました。[10]これはたまたま、戦時中に赤十字の仕事をしていた彼がインド駐留のアメリカ軍に派遣され、時間を工面して、カルカッタ経由でミドナプールのシング夫人のもとを訪ねたものでした。ミドナプールに滞在できたのは半日ほどで、孤児院を見たあと、シングの墓に参って帰路につきました。とうていシング夫人に時間をかけてアマラとカマラのことを聞くだけの余裕はありませんでした。おそらく、彼としては、オオカミ少女たちを紹介したことの責任感から、自分の目でその舞台となった場所を見ておきたかったのでしょう。ジングという人の学問的誠実さがここにもうかがえます。この一件は、活字として残っているわけではなく、ジングからゲゼルにあてた手紙に書かれているだけです。ジングは、戦後は学問の世界からは遠ざかり、いくつかの職を替わり、１９５７年に57歳で亡くなっています。

ところが、好奇心の旺盛な人はどこの世界にもいるもので、カマラが亡くなって22年、シングが亡くなって11年ののち、ミドナプールを調査に訪れた研究者がいました。シカゴ大学を定年退職したばかりの社会学者、ウィリアム・オグバーンです。彼は、数年をかけて手紙や研究協力者を介して予備調査を重ね、１９５１年秋から52年春にかけて、現地に赴いて本格的な聴き取り調査を敢行しました。

成果はありました。それは、シングの記録に書いてあることの裏づけの多くがとれないという意味での成果です。オグバーンは、予定していた期間内に調査が終了できなかったため、アマラとカマラの捕獲地点の特定とやり残したいくつかの聴き取りを、現地に詳しいカルカッタ大学の地理学者、ニルマル・クマール・ボーズに委ねました。この調査の詳しい報告は、77ページの論文としてまとめられ、2人の名前で１９５９年に発表されました。(14)

シングの娘と息子への聴き取り調査では、ほぼ本の内容どおりの答えが返ってきました。カマラはよく木に登っていたとか、父親の部屋にはオオカミ少年や少女の物語本があったとかいった、オグバーンの注目する証言もありました。ところが、シングの孤児院の出身者や関係者から得た証言は、相互に食い違っていたり、内容的に矛盾していたり、曖昧であったり、まったく覚えていなかったりしました。しかし、それらの枝葉を切り捨ててみると、以下のような全体像が浮かび上がってきました。

孤児院には、アマラとカマラらしき女の子がいたことはいたようです。言葉はできませんでしたが、２本足でちゃんと立って歩き、見かけもオオカミのようではありませんでした。カマラと思しき子は、ことばができないこととほかの子どもと交わらないことを除けば、見かけはふつうの子どもだったという証言もありました。

さらに、２人の子どもたちを発見し捕獲したのは、シングではなく、地元の村人のようでした。捕獲はしたものの、対処に困って、孤児院を経営していたシングのところに連れてきたのだといいます。２人は、オオカミと一緒にいたのではなく、トラと一緒にいたのだと言う人もいました。シングが信用できない男で、言うことはデタラメだという証言もありました。

アマラとカマラが発見されたのは、ゴダムリという村でした。シングは、このゴダムリがミドナプール地区とモーバニ地区の境の村だと書いていました。しかし、オグバーンは、地図を頼りに探したり、人口調査の専門家など、この地方に詳しい人に聞いたりしましたが、ゴダムリを見つけることができませんでした。オグバーンから調査を引き継いだボーズも、古い地名や似たような地名を探してみましたが（ボーズは地理学者です）、該当する村を見つけられませんでした。

この調査の過程で、ボーズは、ベンガル語の地方紙の老編集者から、当時掲載されたオオカミ少女の記事を得ることができました。１９２１年10月24日付の『ミドナプール・ヒアタイシ』紙です。アマラとカマラが捕獲されて１年後、アマラが亡くなって１カ月後に書かれたものです。これがアマラとカマラのことを報じた最初の記事です。

記事には、こうありました。ミドナプールとモーバニの境で、トラの穴の中にいる２人の女の子をサンタル族の村人が発見した。トラは射殺され、彼女たちは救出された。一方は10歳ぐらいで、もう一方は２歳半ぐらい。彼女たちは這って移動し、トラのような唸り声をあげた。たまたまそこにシングという牧師が伝道に来ていたので、彼女たちの養育を彼に託した。シングは現在、内緒で彼女たちを養育している。しかし、小さいほうは亡くなってしまった。

おそらく、この記事の内容を新聞記者に提供したのは、シング牧師本人でしょう。しかし、2人の女の子がいたのは、オオカミの穴ではなく、トラの穴だったのです。

6 なぜ実話として受け入れられたのか

すでに述べたように、シングの報告は、写真にしても記述にしても、不審に思える点が山ほどあります。ゲゼルの本にいたっては、脚色のしすぎです。では、なぜ、これほど問題の多い話が、実話として受け入れられたりしたのでしょうか。

もちろん、この話を端から信じなかったり、つくり話だと考えた研究者も数多くいました。しかし、ゲゼルの本が広く読まれ、シングの本が出版されて、多くの人が目を通すようになると、たしかに疑わしいところはあるものの、実際の出来事としてあったかもしれないという印象が浸透していきました。それには、この話を受け入れるだけの素地が社会の中にあったからだと考えたほうがよいでしょう。

人間の子どもが動物に育てられたという伝説、民話、伝承は、古くから世界の各地にあります[15]。心理学者の藤永保によると、動物に育てられた野生児の伝承には地域差があって、東欧ではクマ、アフリカではサルかヒヒ、インドではオオカミが多いようです[3]。たとえば、日本には、子どもがオオカミに育てられたという伝承はほとんどありませんが（ニホンオオカミはすでに絶滅してしまっていますが）、インドやヨーロッパでは、オオカミがそれなりに重要な役回りを与えられて、民話や伝承に頻繁に登場します。私たちのよく知る例は赤ずきんちゃんとオオカミでしょうか。

オオカミに育てられたという伝説の中で最も有名なのは、古代ローマ建国の英雄とされるふたごのロムルス

図2-6　古代ローマを建国したとされるロムルスとレムス
（ローマ，カピトリーノ美術館蔵）

とレムスです[11]（**図2-6**）。これは、オオカミに育てられたのが2人の子どもであるという点で、アマラとカマラとふしぎな符合を見せます。

インドのボンベイ生まれのイギリス人、ラドヤード・キプリングは、そうした民話を題材にとりながら、『ジャングル・ブック』を出版します[9]。１８９４年のことです。この物語は、オオカミに育てられたモーグリという少年の冒険譚です。その舞台はインドのジャングルでした。この物語は世界の子どもたちに読まれ、不朽の名作となり、映画化も多数回されました（２０１６年もディズニー映画が封切られています）（**図2-7**）。キプリングは、この物語やほかの作品の成功によって、１９０７年にノーベル文学賞を授与されます。その後、ターザンなどのヒーローが生まれるのも、この『ジャングル・ブック』の成功にあやかっています。ターザンの本の出版は１９１４年。１９１８年に映画化もされました。彼を育てたのはゴリラでした。

こうして、インドのみならず、これらの物語を読んだ世界各地の人々の心には、オオカミによって連れ去られた（もしくは親に遺棄された）人間の子どもが、オオカミによって育てられてもおかしくないという考えが形づくられていきまし

図2-7　筆者が小学生の頃に読んだ『ジャングル・ブック』（講談社）

た。それに、舞台がインドの森ということも、エキゾチックな感興をそそりました。神秘的なインドならありえることのように思えたのでしょう。

アマラとカマラのニュースは、１９２６年10月に『ニューヨーク・タイムズ』紙に第一報が掲載されますが、その２カ月後の12月には同紙に続報が掲載されています。その見出しは「インド発、現実にいた『モーグリ』」というものでした。このことからもわかるように、世間はこの２人の女の子を『ジャングル・ブック』の現実版として見たのです。

しかし、これだけでは科学的な支持は得られません。アマラとカマラの話が学問的に受け入れられるようになるには、なんと言っても、心理学者のゲゼルと人類学者のジングの支持があったからです。

ゲゼルの書いたものを読むかぎりでは、ゲゼルはシングの記録に疑いを微塵も挟まなかったようです（晩年は多少疑っていた節がありますが）。たとえば、彼の『オオカミに育てられた子』の序文に、シングの記録の存在を知って「われわれは小躍りした」とか、その日記を読んで「その驚くべき人間記録に感動した」と書いています。[5]この熱狂ぶりは、彼がシングの記録を疑うことなくそのまま受け入れたことを示しています。彼がすぐ信じてしまったのには、前述のように、証拠として写真があったことも手伝っています。

発達心理学者としてのゲゼルは、遺伝形質が時間を追って発現することが発達だという成熟優位説を唱え、ふつうは生得説の陣営に入れられます。ところが、アマラとカマラの話は、ヒトとして生まれてきても、人間の環境で育たないと、つまりヒトの間で育たないと、「人間」になれないことを示す例なのですから、環境優位説を支持する事例だと言えます。そこには矛盾があるように見えます。

これについて、藤永保は、オオカミ少女たちの話を実話と受け入れたことがゲゼルの転換点を示すものだと考えています。[3]１９２０年代にゲゼルの成熟説は一世を風靡しますが、１９４０年頃にはすでに主流の座を下り、アメリカでは行動主義的な環境説が主流になっていました。時代の流れに聡かったゲゼルは、自分の理論に環境説を採り入れることを考えていました。そのときにアマラとカマラのことを耳にしました。彼は、これぞとばかりにその話に飛びつき、アマラとカマラを見たわけでもないのに、１冊の本を書いて紹介までしました。アマラとカマラの話は、ゲゼルを環境説に転向させた契機としてはたらいたのです。

この環境説で強調されているのは、環境への人間の適応能力です。人間は、ほかの動物とは違って、すぐれた学習能力をもっていますので、環境にうまく適応できるというわけです。オオカミの子は、人間に育てられても、その学習能力が貧弱なため、人間のようにはなれませんが、人間の子は、オオカミに育てられると、学習能力があるので、オオカミのようになることができます。感覚能力、姿形、しぐさ、行動様式まで、オオカミが染み込んでしまうというわけです。ゲゼルはそう考えていました。

一方、シングの記録を出版するのに力を尽くしたジングのほうは、ゲゼルとはかなりスタンスが違っていました。彼は、人類学者として野生児（野生人）に興味を抱き、世界各地の報告や文献を収集し、それらを比較・検討するという作業を行っていました。しかし、こうした事例をいくら集めても、野生児の存在を証明したことにはなりません（空飛ぶ円盤を見たという目撃例をたくさん集めても、空飛ぶ円盤の実在を証明したことにならないのと同じです）。ジングは、そうした事例の収集と整理をしてゆく過程で、この限界を痛感していました。そのときに、インドのオオカミ少女の話を耳にしました。シング牧師に手紙で照会すると、なんとアマラとカマラの記録や写真が残っているというのです。これこそ、自分が収集した事例すべてを結晶化させる種になる、そう思ったに違いありません。

しかし、学者として、ジングは慎重でした。シング牧師から送られてきた記録を科学的に精査したのです。記録の中の疑問点、矛盾点、不明点を洗い出し、シングに手紙で尋ねたり、専門家に聞くなどして、それがありうることなのかどうかを逐一検討していきました。これは、ジング自身が自分を納得させるプロセスでもありましたが、同時に、この記録が出版されたあとでは読者を説得する力にもなりました。

オグバーンとボーズの調査にもとづくなら、実話のもとになった2人の女の子はいたのでしょう。しかし、その記録はシングが捏造したものです。写真は、その記述に合うように演出しながら撮ったものです。では、シング牧師にこうしたつくりごとをするだけの動機や理由はあったのでしょうか。

あったと私は思います。おそらく、ほかの人たちが2人の子どもたちを森の中で発見し、シングの孤児院に連れてきたか、あるいは伝道中に立ち寄ったシングに預けたのでしょう。しかし、自分が発見したことにしないと、野生児、あるいはオオカミ少女であったことの直接的な証明になりません。それに、記録の中にオオカミらしさを出さないと、オオカミ少女ではなくなってしまいます。新聞に出たあと、ジングやゲゼルから問い合わせの手紙が来始めた時点で、シングは、オオカミ少女だということをはっきり示す整合的な記録をでっちあげ始めたのでしょう。

こう考えると、シングに話を脚色させるように仕向けたのは、間接的には、ゲゼルやジングなど専門家からの質問や問い合わせという圧力だったと言えるかもしれません。これには、話が専門家の間に広まって、もはや引っ込みがつかなくなったという事情もあるかもしれません。あるいは単純に彼らを喜ばせたかったという心理もはたらいていたかもしれません。ジングは、出版の可能性をほのめかしながら、シングに証拠の提出を要求しました。当然ながら、ジングは、その本の出版によって相当額の印税が入ることもシングに伝えていました。シングとしては、記録や写真をなんとか形にして送らざるをえなかったのでしょう。

記録自体が整合性をもっているのは、このようにして記録をつくり上げたからなのでしょう。とりわけ、これまでの野生児に関する報告や本を参考にしながら、オオカミらしさを盛り込んだのでしょう。ジングがシングの記録の鑑定を依頼した４人の専門家は、これまで野生児の事例を扱ってきたり、インドに詳しかったりする学者でした。彼らは、記録の内容に野生児的な特徴が示されているかどうかや、インドで起こりうることかなどをおもに検討しました。であれば、自分たちのもつ知識とも整合しているわけですから、この記録が変だと思ったり、おかしいと言えたりするはずがありません。

ゲゼルもジングも、シング牧師の記録や写真が真実でないことを見抜けませんでした。それは、彼らの目が節穴だったからではありません。その時代のものの考え方や自身のもつ知識や関心によって、ある見方しかとれないということはよくあります。しかも、ジングは、シング牧師の書いていることに最初疑いを抱きながら、矛盾点や疑問点を学術的になんとか解決しようとしました。しかし、その過程で、知らず知らずのうちに、シングの言うことを信じるようになっていきました。これは、特定のカルト宗教に懐疑的な人が、それを調べるうちにその宗教にのめり込んでゆくのと似たところがあります。懐疑を論理的に克服すると、それは信念に変わることがあるのです。

7 おわりに

人間的な環境で育たなかった子どもは、「野生児」と総称されます。これは、大括りに2つに分類できます。ひとつは、野生の動物に育てられたり、森などに遺棄されたあと自力で生き延びた場合です。もうひとつは、人為的に社会から隔離して育てられた場合です。後者は、家の中に閉じ込められていることから、「クローゼット・チャイルド」と呼ばれることもあります。

第一のカテゴリーの代表は、アマラとカマラや、１８００年に南フランスのアヴェロン県で見つかったヴィクトール（「アヴェロンの野生児」と呼ばれます）です。第二のカテゴリーの代表は、１８２８年にドイツのニュルンベルクに現れたカスパー・ハウザーや、１９７０年にロサンゼルスで保護されたジニーです。

アヴェロンの野生児については、医師で聾唖教育の専門家であったジャン・イタールによるしっかりした記録が残っています[8]。カスパー・ハウザーやジニーについても、専門家による詳細な記録があります[2,16]。彼らは、数多くの専門家によって診察・観察されただけでなく、たくさんの一般市民の目にも触れ、そのときの記録も残っています。たとえば、ヴィクトールがアヴェロンからパリに移送されたときには、パリの街は夜半にもかかわらず彼を一目見ようという群衆であふれかえっていました[18]。その後、彼は、当時の精神医学界の第一人者フィリップ・ピネルの詳細な診断を受けます。これに対して、アマラとカマラの場合には、彼女たちを見た専門家も、一般市民もいないのです。アマラとカマラの事例は、長らく野生児の代表として扱われてきましたが、ひとりの専門家も見ていないということだけで、学術的な価値が疑われてしかるべきだったのです。

アマラとカマラの真相に近いことを時系列的にまとめて、この章を終えることにしましょう。

別々か、同時かはわかりませんが、森に遺棄され、なんとか生き延びた2人の女の子がいました。あるとき、彼女たちは村人たちに捕獲されますが、ことばを話さず解さないため、村人たちがその処置に困り果てていたところに、たまたま伝道旅行で牧師のシングが通りかかります。村人たちは彼に子どもたちを託しました。シングは、彼らをミドナプールに連れ帰って、自分の孤児院でほかの孤児たちと一緒に養育します。2人は、アマラとカマラと名づけられました。1年後に、アマラは亡くなります。その直後に、地方紙に彼女たちのことを報じる記事が出ます。しかし、このニュースは広まりませんでした。5年後、同じニュースがイギリスとアメリカの新聞に出て、専門家の目に留まります。問い合わせの手紙がシングのもとに届きます。この頃から、シングは意識的にオオカミらしさを強調する日記をつくり始め、オオカミ少女に見える写真を撮ります。3年後にカマラは亡くなります。

シングは、ゲゼルとジングからの問い合わせや要求に応え続けました。その結果、ゲゼルはこの話をもとに一般向けの本を書いて話を広め、ジングは、シングの記録の真実性を検証して、それを共著のかたちで出版しました。シングは、ゲゼルの本は手にしましたが、自分の捏造した記録そのものの出版を目にすることなく、1941年に68歳で亡くなりました。シング自身、自分の名前とこの話が世界中で語り継がれ、教科書にまで載ることになろうとは、おそらく想像もしていなかったでしょう。

推薦図書

鈴木光太郎（二〇〇八）『オオカミ少女はいなかった――心理学の神話をめぐる冒険』新曜社、鈴木光太郎（二〇一五）『増補　オオカミ少女はいなかった――スキャンダラスな心理学』筑摩書房

サブリミナル広告、サピア＝ウォーフ仮説や双生児研究など心理学における9つの神話を扱っています。オオカミ少女の章では、シングの撮った写真の真偽を詳しく検討しています。

第3章 心理学でウソを見破ることはできるのか？
――犯罪心理学からのアプローチ

【越智啓太】

1 はじめに

古くから私たちが行いたいと思っていることのひとつに「人がウソをついているかどうか見破ること」があります。自分の妻や夫、恋人が浮気をしているかどうかや、仕事上のライバルが上司と密かに通じているのかどうか、友人が明日の約束をキャンセルしたのは、本当に「急に仕事が入ってしまったから」なのかなど、私たちは、ほぼ毎日、人の本心をなんとか読み取りたいと思っているはずです。もちろん、犯罪心理学の領域においてもこれはきわめて重要な問題でした。というのも、犯罪の容疑者（ただし、容疑者というのは正式な法律用語ではありません。正式には被疑者といいます）はしばしば「私は犯人ではない」と主張しますが、もし、それがウソであり実際には犯人であった場合、これをなんらかの方法で見破ることができれば、比較的早期に犯人を検挙することができるからです。一方で、この容疑者が犯人でなくウソをついていないということがわかれば、早い時期に別の容疑者さがしに着手することも可能です。そのため、犯罪心理学、とくに捜査の心理学の領域では、ウソを見破る方法に関する研究は古くから主要なテーマとなっていました。

では、この研究は現在、どのようになっているのでしょうか。本屋さんに行けば、「ＦＢＩ捜査官によるしぐさからウソを見破る方法」であったり、「捜査一課長が語るウソ見破りの極意」などの本が並んでいます。科学的な面から見て、これらの本の内容はどの程度信用できるのでしょうか。また、テレビにはしばしば「ウソ発見器」が登場し、アイドルや芸能人が質問に動揺して「ウソがばれる」といったシーンが映し出されますが、あの装置は本当にウソを見破ることができるのでしょうか。

この章では、このような問題について心理学の最先端がどのようになっているのか、できるだけわかりやすく解説してみたいと思います。

2　ウソを見破るための古典的な方法

今ここに、ある殺人事件の容疑者がいます。彼には殺人の動機があり、アリバイはありません。自分が犯人であることについては頑強に否定しています。では、彼が本当に犯人であるのかをどのようにして判断していけばよいのでしょうか。

私たちにとって、このような状況は、有史以来数多く発生してきたと思われます。彼があくまで犯行を否定する場合に用いられた最終的な方法は拷問です。ただし、拷問は信頼できるウソ見破りの方法ではありません。この方法では、苦しさや痛みから逃れるために、実際には犯人でなくても容疑者はしばしば「自供」してしまうからです。実際、今まで多くの人々が無実にもかかわらず「自供」してしまい処刑されてきました。

もちろん、当時の人々もこの拷問というやり方がベストだと思っていたわけではありませんでした。もしも、より的確で穏やかな方法が発見されれば、その方法を使用すべきだと考えていたわけです。そのような中で生み出された方法のひとつとして、トリックを使ったウソ見破りの方法があります。

トリックを使ったウソの見破り――「真実の山羊」

トリックを使ったウソ見破りの方法として古くから知られているものに、「真実の山羊」があります。これは次のような方法です。

今、ある村に泥棒の容疑をかけられた男が3人いたとします。まず、この3人の前に山羊を連れてきます。そして「この山羊は『真実の山羊』と言って、しっぽをつかんだままウソを言うと、メェ～と鳴くんだ」と説明します。その後、真実の山羊を暗い納屋の中に入れ、容疑者にひとりずつ納屋に入ってもらい、しっぽをつかんで、納屋の外に聞こえるような大きな声で「私は犯人ではない！」と叫ぶように伝えます。もちろん、「真実の山羊」などというものは実際には存在しませんので、3人がひととおりこれをやり終えても山羊はまったく鳴きません。実は、この山羊のしっぽにはすすが塗ってあり、しっぽをつかむとそのすすが手のひらにつくように細工してあるのです。犯人でない場合、もちろん納屋に入っていったら、言われたとおりにしっぽをつかんで「私は犯人ではない」と叫ぶのですが、犯人は暗い納屋にひとりで入っているのをいいことに（外からはばれないので）しっぽをつかまずに叫ぶことが予想されるわけです。そのため、3人がひととおりこれをやり終えた後で、すすが手のひらについていない人物を見つければ、その人が犯人だということになるわけです。

トリックを使ったウソの見破り――「盟神探湯（くがたち）」と「裁きの豆」

このようなトリックを用いたウソ見破りの方法は、わが国にも存在します。その代表的なものが「盟神探湯」です。これは、容疑者の手を沸騰したお湯の中に入れさせるという方法です。もし容疑者が無実であれば、神様が守ってくれ、やけどをすることはないのですが、犯人であればやけどをしてしまうという原理です。もちろん、実際にはこのようなことはありえないわけですが、もし神様を本当に信じていれば、犯人でない場合、躊躇せずに手を入れるのに対して、犯人であれば、怖がったり震えながら手を入れたりするというのです。犯人と無実の人物にこのような行動の違いが生じるならば、実際にお湯の中に手を入れさせなくても、その行動を観察するだけで犯人かどうか識別できることになります。

また、この方法には科学的な根拠があるかもしれないということも指摘されています。沸騰したお湯の中にゆっくりと手を入れていくと、手の周囲のタンパク質が境界層をつくって温度を低くするのに対して、震えながら手を入れていくと、境膜が薄くなって皮膚が熱いお湯に直接触れてしまうので、やけどしやすくなるというのです。

盟神探湯と同じような方法として、古代アフリカで裁判に用いられていた「裁きの豆」というものもあります。これは、毒素を含むカラバルという豆を容疑者に飲ませ、死んだら有罪、生き延びたら無罪という方法です。カラバルは非常に苦い豆なのですが、無罪の人は自信をもって一気に飲み込むため、その苦さに耐えきれずすぐに豆をはき出してしまい死ななくてすむのに対し、犯人はおそるおそる少しずつ口に入れるので、苦さも分散され、その結果、豆ははき出されずに死んでしまうというのです。

これらの方法は、なかなか優れたトリックなのですが、このようなテクニックを用いる前提としては、「真実の山羊」が実際にいるということや、神様が熱湯から自分を守ってくれるということ、無罪ならば毒の豆を食べても死なないということを心の底から信じていなければなりません。ですから、現代社会でこの方法を用いることはなかなか難しいと言えるでしょう。

3 連想検査を使用したウソの見破り

ユングと連想検査

さて、心理学を使ってウソを見破り、犯人を検挙するという試みを初めて行ったのは、ユングでした。ユングはフロイトとならんで、精神分析学をつくり上げた著名な医師です。もともと精神分析学は、ヒステリー（心理的な原因によって体が麻痺したり、健忘や不安などの精神的な不調をきたす症状）や強迫性障害、不安障害などのメカニズムを解明し、治療するための技法ですが、その後発展して、私たちの文化や神話などの成り立ちまで説明しようと試みた壮大な学問体系です（ユングの学派はその中でも「分析心理学」と言われます）。

精神分析学においては、私たちの無意識下には抑圧されているさまざまな観念があり（フロイトの場合にはそれはもっぱら性的なもの、ユングの場合は人類に普遍的なイメージに関連しています）、それが意識上の行動になんらかのかたちで影響を及ぼし、精神の不調や疾患をつくり出すと考えます。そのため、それらの治療に際しては、まず、抑圧されている観念がどのようなものであるかを明らかにする必要があります。これを明らかにする方法として、フロイトは初期には催眠を、その後は自由連想法という方法を用いました。ユングは、連想検査という心理テストを用いました。

連想検査は、あらかじめ決められたいくつかの単語を順番に呈示して、その単語から連想される単語をできるだけ早く口頭で答えていくというものです。たとえば、「夜」という刺激語が呈示された場合、「暗い」とか

「イルミネーション」などの連想語を答えていきます。ユングの理論では、抑圧されている概念に関係している単語が刺激語になった場合、反応時間が遅れたり、異常な連想語が生じると考えられています。たとえば「夜」に対して10秒以上も連想語が出てこなかったり、「ヒガンバナ」などといった、ふつうあまり刺激語に関連しているとは思えない単語が生じるわけです。ユングはこのような反応をもとにして、その人が抑圧している観念を明らかにしようと考えたのです。

連想検査を用いた犯人の識別

さて、犯罪に関する話に戻します。犯人は自分が犯罪を犯したことを知っていますが、これをなるべく人に悟られないようにするはずです。もちろん口では、「私は犯罪に関与していない」とウソを言うでしょう。これは、犯罪に関連した概念を抑圧している状態と考えることができます。そこで、ユングは犯罪の容疑者に連想検査を行い、犯罪に関連する刺激語を与え、その反応を調べることで犯人を識別できるのではないかと考えました。たとえば、窃盗犯人の容疑者に「盗み」「金」「泥棒」などの言葉を与えれば、連想語を生み出すまでに非常に時間がかかったり、刺激語とあまり関係のない反応をしてしまう可能性があると考えたのです。実際にユングはこの手法を使って、窃盗事件を解決したケースについて報告しています。

その事件は、ユングの勤めている病院で発生したもので、戸棚から70フランの現金の入った財布が盗まれたというものです。彼はまず、その戸棚に近づくことができた3人の看護師を容疑者と考えました。そして、彼女らに対して、窃盗関連語と窃盗に関係していない中立語をまぜたリストを使って連想検査を行いました。その結果、ある看護師は、中立語に比べて窃盗関連語の反応が大幅に遅れ、また、結局反応語が出てこない「反応失敗率」も高くなりました。他の2名は、中立語と窃盗関連語とで反応時間に大きな差はありませんでした。

そこで、ユングは最初の看護師を犯人と識別しましたが、実際にこの看護師が財布を盗んでいたことが、後から判明したということです。

連想検査を使用した犯人識別の問題点

ユングの連想検査を用いた犯人の識別、つまりウソの見破りの研究は、私たちの行動をたくみに利用しているものとして、それなりに興味深い現象だと考えられます。ところがこの方法には非常に大きな問題が存在します。それは、この方法が用いられた容疑者——たとえばユングの病院の看護師——は、事件のあらましや、自分がその事件の犯人として疑われているのをすでに知ってしまっていることです。このような状態であれば、仮に犯人でなくても、窃盗関連語を刺激語とする連想検査で反応時間が遅くなったり、反応がおかしくなってしまうことは十分考えられます。その場合、無実であっても犯人に間違えられてしまう可能性があります。ですから、この方法は、実際の犯罪捜査において使用するのはなかなか難しいと言わざるをえません。

4 ノンバーバルコミュニケーションを使用したウソの発見

ノンバーバルコミュニケーションとは

次に考えられたのは、ノンバーバルコミュニケーションの手がかりをもとにして人のウソを見破っていくという方法でした。「ノンバーバルコミュニケーション（ＮＶＣ）」とは、発言中の身振り、手振り、体の動きや反応、表情、そして、声の高さや会話における沈黙、言いよどみ、相づちなど、言語の内容が担っている情報（バーバルコミュニケーション）以外のチャンネルから伝わる情報のことを指します。

私たちがコミュニケーションを行うとき、バーバルコミュニケーション以外に、ＮＶＣも重要な役割を果たしていることが知られています。また、バーバルコミュニケーションに比べ、ＮＶＣは、そのときの本心を無意識的に表出してしまうことがあるという特徴があります。そこで、このようなチャンネルの行動を分析することによって、発言がウソかどうか、その真意を確認することができるのではないかと考えられたのです。

ノンバーバルコミュニケーションを用いてウソを見破れるのか

今、書店に行くとたくさんの「人のウソを見破る方法」の本がありますが、その多くで、このＮＶＣを使用したウソ見破りの手法が紹介されています。また、海外ドラマでも国内のドラマでも、時々、心理学者が犯人のウソを見破っていくシーンが描かれることがありますが、このとき用いているのもＮＶＣです。これらの本やドラマで紹介されているウソ見破りのテクニックとしては、「ウソをついているときは人は自分の体に触れることが多い（これをセルフマニピュレーションと言います）」とか、「ウソをついているときは目をそらす」「ウソをついているときは笑顔が多くなる」「ウソをついているときは声が高くなる」「ウソをついているときは眼球が右上に動く」などがあります。では、これらの手法で本当にウソを見破ることができるのでしょうか。

実は、これを研究によって明らかにするのは、それほど難しいことではありません。実験の参加者に「本当のこと」と「ウソのこと」を話してもらって、その様子を撮影すればいいだけです。あとはこれらの様子を観察して、ウソをついているときにセルフマニピュレーションの頻度が本当に上がるのかとか、「眼球が右上に動く」頻度が上がるのかを調べればよいのです。この手法は簡単に実施できるので、今までたくさんの研究が

表3-1　NVCとウソの関係に関する研究のまとめ

	言いよどみ	言い間違い	声のピッチ	声のスピード	返答までの時間	会話中の沈黙	沈黙の頻度	相手の凝縮	笑い	自分の体をふれる	まばたき
差がない	16	13	5	12	9	2	8	16	27	22	7
増加する	6	13	7	2	7	4	2	2	1	5	0
減少する	4	2	0	5	8	0	2	6	2	4	0

行われてきました。では、その結果はどのようになっているのでしょうか。

この種の研究結果をたくさん集めて集計した研究として、ヴレイ[14]によるものがあります。彼は、英語で書かれたこの種の実証的な研究の論文をできるだけたくさん集めて、集計しています。その結果の一部をまとめたものを**表3-1**にあげてみましょう。この表は、さまざまなNVCについて「ウソをつくとその行動が増加する」と結論づけた研究と、「減少する」と結論づけた研究、そして「差がない」とした研究の数を示しています。たとえば、「言いよどみ」については「差がない」とした研究が16個、「増加する」としたものが6個、「減少する」としたものが4個ということになります。全体的に、どのような手がかりであっても「増加した」という研究と「減少した」という研究が拮抗していることがわかります。また、最も多いのは差を見出していない研究です。この結果を見てみると、通俗書が言うような、ウソをついたときに生じる特別な手がかりは存在しないことになります。

私たちの研究室でも、目の動きやまばたき、セルフマニピュレーション、声の高さなど多数の指標を使って、ウソをついているときと真実を話しているときのNVCに違いがあるか徹底的に調査しましたが、その間に明確な違いは現れませんでした[10]。

また、NVCからのウソの見破りについては注意しなければならないことがあります。それは、ある手がかりが発生する頻度に関して、真実を話している人々とウソをついている人々とで、たとえ統計的に意味のある差（有意差）が生じたとしても、それが「ある人物がウソをついているかどうかの見破りに使える」かは別問題だということです。たとえば、真実を話している人々が一定の時間内で平均７・６回まばたきをし、ウソをついている人々は平均７・１回まばたきをし、この差を分析したところ、有意差が示されたとしましょう（これは実際のデータではありません）。この結果から「ウソをつくとまばたきが減少する」という結論は得られますが、では、ある人が一定の時間内に6回しかまばたきをしなかった場合、その人がウソをついていると言えるかというと、それは言えません。そのような判断をした場合、たぶん10回中４～5回くらいは外れることになります。つまり、調査で有意差が示されることと、高い精度でウソを見破ることができることとは、必ずしも同じではないのです。あるＮＶＣがウソを判断するための実用に足る手がかりとなるためには、調査で有意差が示されること以上に、ウソをついている人々と真実を話している人々の間で、さらに大きな違いが生じることが必要です。これらのことから、ＮＶＣからウソを見破ることは、現在の研究結果を見るかぎりは不可能であると言わざるをえません。

5　ウソ発見器をつくることはできるのか

ロンブローゾの古典的ウソ発見装置

ＮＶＣからウソを見破ることが難しいのであれば、なんらかの装置を用いてウソを見破ること、つまり「ウソ発見器」をつくり出すことは可能なのでしょうか。

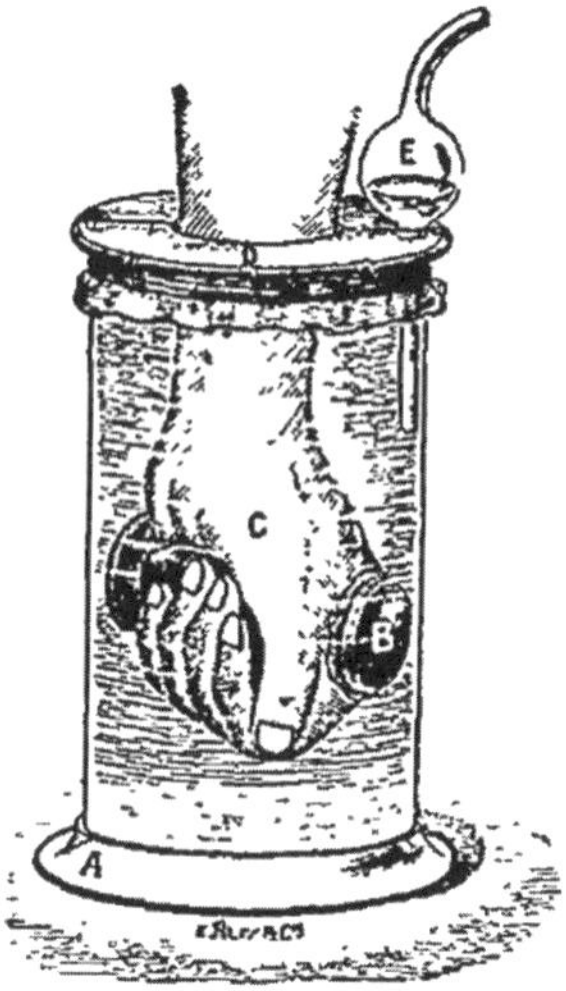

図3-1　ロンブローゾが考案したウソ発見器[13]

このアイディアを最初に実現しようとしたのは、犯罪心理学の父でもあるロンブローゾです。ロンブローゾは、水を満たした容器の中に手を入れて密閉し、その水面の変化を観察する装置を考案しました（**図3-1**）。心臓の拍動は血液を体のすみずみまで送り出します。とすると、手の中の血液の量、そして手全体の容積も心臓の拍動にともなって増減するはずです。そのため、この装置の水位の変化を観察すれば、心臓の鼓動をモニターすることができるというわけです。

彼は事件の容疑者にこの装置を装着して、心臓の働きをモニターしながら「金を盗んだのはあなたか」などの質問を行い、心拍の増大などが観察されたら、それは犯人であると診断できるのではないかと考えたのです。

ウソ発見器でウソは発見できない！

ロンブローゾの装置はあまりにも原始的なものでしたが、20世紀になると、生理的な反応を測定し記録するための、さまざまな装置が開発されていきました。呼吸や血圧、皮膚電気反射、筋肉の動きを測る装置などです。いずれの身体活動の変化も、当初はウソを発見できる魔法の指標の可能性があるのではないかと期待されました。とくに期待されたのは、皮膚電気反射です。これは皮膚の中に微少な電流を流し、その抵抗の変化を測定するものです。驚愕や緊張にともなってこの抵抗が減少することから、心の動きを客観的に測定できるものとして注目を浴びました。ウソをつくとこの指標が反応するのではないかと考えられたのです。

しかしながら、いずれの指標も同じような問題点があることがわかってきました。このような装置をつけて「あなたが犯人ですか」などという質問を行えば、犯人は動揺し、特異な反応が得られるのはもちろんなのですが、犯人でない人もやはり動揺して、特異な反応が生じてしまうことがわかってきたのです。しかも、これらの反応は個人差が大きいため、犯人だから反応が大きいとか、犯人でないから反応が小さいということもないとわかりました。これでは、犯人を識別することなどできません。

そもそも、心拍が上昇したり皮膚電気抵抗が減少したりするというのは、緊張の増加などの変化を測定しているだけで、「ウソ」をついたときの心理的な変化を測定しているわけではなかったのです。つまり、「ウソ」特有の身体活動の変化、ウソをついたときにだけ鼻が伸びていくようなピノキオ的な指標は存在しなかったのです。

ちなみに、今市販されている「ウソ発見器」や、テレビのバラエティ番組に出てくる「ウソ発見器」は、皮膚電気反射の測定をしているものです。つまり、これでウソを発見できないことは明らかです。テレビの「ウソ発見」はウソなのです。

インボーとリードによるＣＱＴの開発

このように大いなる期待で迎えられた「身体活動の変化によるウソ発見」技術ですが、実際には期待外れであることがわかってしまいました。しかし、せっかく身体活動の変化を測定する装置をつくれるようになったのですから、これを使ってなんらかのかたちで犯人を識別することはできないでしょうか。実はここからが研究者の腕の見せ所になります。

この問題を実用的なレベルで初めて解決したのが、インボーとリードでした。彼らは装置を改良するのでなく、質問方法を工夫することによって、犯人を識別しようと考えたのです。彼らの考えた方法はＣＱＴ（コントロール質問法：Control Question Technique）というものです。

この質問法では、ポリグラフ検査（心拍・呼吸など、複数の身体活動の変化を同時に計測・記録する装置をポリグラフと言います）に先立って面接が行われます。この面接で容疑者は、本件（ポリグラフ検査の対象事件）ではないが、容疑者が過去に犯したものの、まだ警察に見つかっていない犯罪があるかどうか質問されます。たとえば「今回の事件以外で警察に見つかるとまずいことをしていますか」などの質問です。この質問法では、検査を受ける人のほとんどはこのような犯罪をしていると仮定します。しかし、受ける側は、そんな犯罪をしていると答えてしまえば、本件についても疑われると考えて「いいえ」と答えるのが普通です。

このあとポリグラフ検査に入るのですが、そこでは、身体活動の変化を計測しながら、本件について「あなたが犯人か」という質問とともに、さきほど「やっていない」と答えた犯罪についても同様に、「あなたは本当にやっていないのか」と質問されることになります。

もし本件の犯人であれば、他の犯罪はどうでもよく本件が問題なので、身体活動の変化は本件について聞かれたときに最も大きくなると考えられます。一方で、犯人でない場合には、本件はともかくとして、事前の面接でウソをついてしまった別件の犯罪がばれてしまうことを恐れて、別件の犯罪に関する質問でより大きな反応が生じてしまうと考えられます[11]。

ＣＱＴは、装置自体を改良するのでなく、質問法を工夫することによって、犯人の識別を可能にするという方法論であり、ある意味逆転の発想でありました。この方法は、身体活動の変化を測定しながら直接犯人かどうかを尋ねるというやり方に対して、圧倒的に高い精度をもった技術でした。しかしながら、この方法も問題点はたくさんありました。たとえば次のような点です。

まずこの方法では、事前面接で、実際には犯人でない容疑者に「本件（検査の対象になっている事件）以外の悪事がこの機会にばれてしまうのはまずい」と思わせ、実際の犯人には「本件以外の悪事のことはこの際どうでもいいから、本件がばれないようにしなければ」と思わせることが必要です。面接する側は、当初は検査を受ける人が無実か実際の犯人かわかっていないわけですので、この面接はかなり熟練を要するものになってきます。ＣＱＴが成功するかどうかは、ひとえにこの熟練の腕にかかってきてしまうということになります。これでは科学的な方法論とは言えません。

また、ＣＱＴでは、別件の事件についての質問で、容疑者が初めからウソをつくことが必要です。もし容疑者がウソをつかなかったら、検査自体が論理として成り立たなくなってしまいます。たとえば、「今回の事件以外で、あなたは警察に見つかるとまずいことをしていますか」と質問したときに「はい」と答えられてしまえば、その後の検査はできなくなってしまうのです。とくに日本では、そもそも「今回の事件以外で警察に見つかるとまずい」ことをしていない人がほとんどだと思われるので、この方法でウソ発見をするのはなかなか難しいということになります。

加えて他のさまざまな実験的な研究で明らかになってきたのは、ＣＱＴは「犯人を犯人である」と識別できる精度が確かに高いのですが、「犯人でない人物を犯人である」と誤って識別してしまう可能性も大きいということです。これは、えん罪をつくりやすいということですので、大きな問題となってきます。

リッケンによるＧＫＴの開発

ミネソタ大学のリッケンは、ＣＱＴによる犯人識別に対して異議を唱えました。そして彼は、ＣＱＴに代わる方法として、ＧＫＴ（犯行知識検査：Guilty Knowledge Test）という手法を開発します。この方法も、装置自体を改良するといった方法論ではなく、質問方法を改良するというものです。(5)

ＧＫＴは次のような方法です。今、一件の殺人事件が発生しました。この事件の犯人は愛人とトラブルになり、刃物で被害者の首を刺して殺害しました。遺体は、愛人宅の風呂場のバスタブの中に隠したとしましょう。この事件が発覚すると、警察はマスコミ各社に事件について発表することになりますが、このとき「被害者は刺殺された」という情報は流しても、「どこを刺されたか」「遺体はどこに隠されていたか」という情報は公開しなかったとします。このような状況下で、犯人の疑いのある人物が浮かんできたとしましょう。彼に対して、「〇〇さん（被害者）はどのようにして殺されたか知っていますか」と聞いた場合、刺殺されたことはマスコミで報道されていますから答えるかもしれませんが、「どこを刺されたか」「遺体はどこに隠されていたか」については答えることができないはずです（もしできれば、自分で犯人であることを証明しているようなものです）。このような状態の容疑者に対して、身体活動の変化を測定しながら、以下のような質問をしていきます。

犯人が刺したのは、
「胸ですか」
「腹ですか」
「背中ですか」
「首ですか」
「脇腹ですか」

あるいは、

犯人が遺体を隠したのは

「クローゼットですか」
「バスタブですか」
「トイレですか」
「ベッドの下ですか」
「押し入れですか」

もし、検査を受けた者が、実際の犯人の行動である「首を刺した」「遺体をバスタブに隠した」という質問をしたときに特異な反応を示す場合、犯人でなければこの事実を知っているわけがないので、「犯人である」と判断し、これらの場所に特異な反応がなければ「犯人ではない」と判断するわけです。この、犯人しか知らないであろう情報についての質問を「裁決質問」、それ以外の質問を「非裁決質問」と言います。

実際の事件では、一組の質問だけしか行わないと、偶然、裁決質問に反応が出てしまう可能性がある程度はあるので、6～10種類くらいの質問を行うのが普通です。そして、すべての質問で裁決質問に特異な反応があった場合、その人を犯人として識別するのです。

ウソ発見器検査というと、「どきどきしやすい人は反応が出やすい」などと言われることが多いのですが、GKTでは質問の間の相対的な反応の違いを見ていくので、全体的に心拍が高くなっただけでは、「反応がある」とか「犯人である」といった識別は行われません。どきどきしやすいことと反応が出ることは無関係です。

GKTは、犯罪以外の情報でも適用可能です。たとえば、検査を受ける人が隠している情報（記憶したトランプカードなどが用いられる）を、身体活動の変化を使って当てるなどの課題を行うことができます。そのため、現在では隠蔽情報検査（CIT: Concealed Information Test）と呼ばれています。

6 犯罪捜査へのポリグラフ検査の導入

日本の警察におけるポリグラフ検査

さて、日本の警察ですが、すでに1950年頃にはウソ発見器を犯罪捜査に導入しようという試みを始めています。また、日本の実験器具メーカーも、皮膚電気反射や呼吸、血圧などを同時に測定できるポリグラフ検査装置（**図3-2**）を開発して販売し始めました。日本の警察は当初、CQTやGKTについてさまざまな研究を積み重ねましたが、最終的にはGKTを主な検査手法として採用することにしています。日本の警察では、GKTはPOT（緊張最高点質問法：Peak of Tension Test）と長い間呼ばれていました（現在ではCITと呼ばれています）。

今まで述べてきたように、身体活動の変化により犯人を識別するうえで最も重要なのは、装置ではなく、質問法です。GKTの場合には、犯人ならば反応する犯罪に関係している項目（裁決項目）ひとつと関係していない項目（非裁決項目）四つを混ぜた、5択の選択肢をつくっていくことが最も重要な作業となります。少し専門的な言葉を使えば、このテストは身体活動の変化を用いた再認検査といえます。犯人をきちんと識別できるかどうかは、この選択肢をうまくつくれるかにかかっています。犯人でなくても容易に推測できる質問は識別能力をもちません。たとえば、犯人が金属バットで被害者の頭を殴って殺害した事件で、

犯人が殴ったのは、

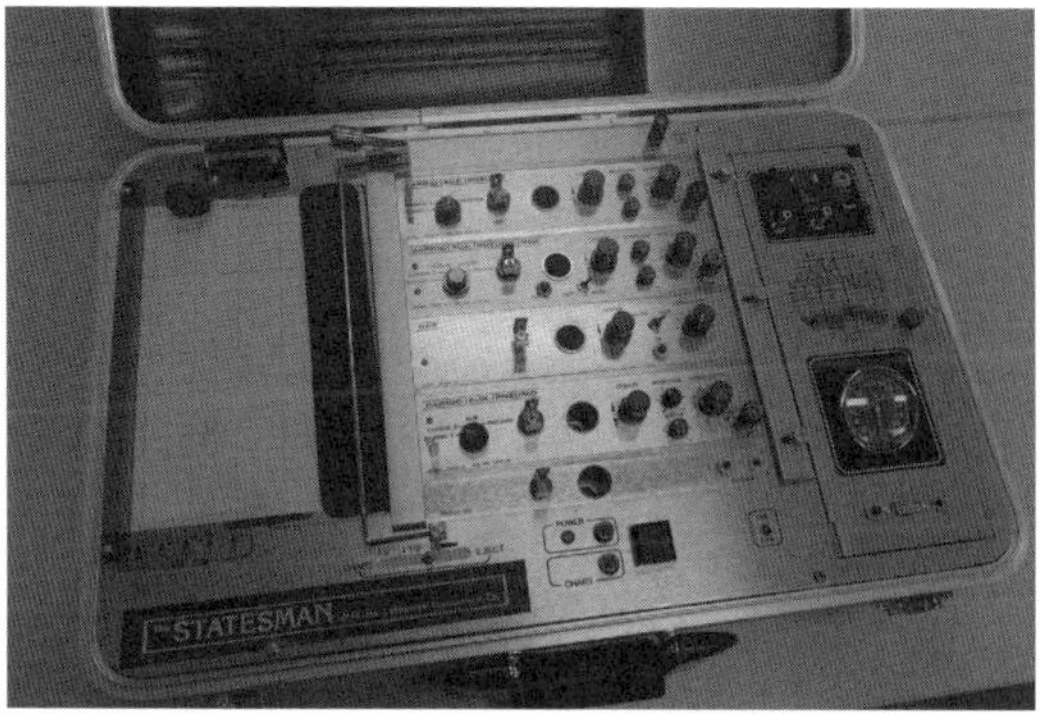

図3-2　日本の警察で長い間使用されてきたラファイエット社製のポリグラフ検査装置（法政大学所有）

「足ですか」
「胸ですか」
「頭ですか」
「腹ですか」
「手ですか」

といった質問をつくったとしても、あまり意味をもちません。殺人事件ならば、頭を殴った可能性がかなり高いので、犯人でなくても「頭ですか」という項目に特異な反応が生じてしまう可能性があります。また、「犯人が使ったのは金属バットですか」といった裁決質問も、犯人が草野球をやっていたり、被害者の家に金属バットが置いてあることが周知の場合などは、たぶん金属バットが使われただろうと推測できるので、犯人でなくてもその項目に特異な反応が出てしまうことになります。

　では、次のような質問はどうでしょうか。犯人が被害者を殴ったときに、被害者は黄色いトレーナーを着ていたとします。その場合の次のような質問です。

被害者が殴られたとき着ていたのは、
「赤いトレーナーですか」

「白いトレーナーですか」
「黄色いトレーナーですか」
「青いトレーナーですか」
「黒いトレーナーですか」

この質問は、もし裁決質問に特異な反応が出ればいいのですが、実際には犯人だとしても反応が非常に出にくい質問です。なぜなら、私たちは目撃したものの「色」についてはあまり記憶していない、記憶できないことがわかっているからです。試しに今日、外出して最初に出会った知人の服の色（相手が私服の場合）、あるいはネクタイの色（スーツの場合）などを思い出してみてください。特別に印象に残った場合を除けば、ほとんど覚えていないと思います。もちろん、犯人が殺した人物の服の色を記憶していることもあまりありません。

このように、犯人を的確に識別するためには、事件の現場の状況や犯罪についての一般的な知識、そして、人間の知覚や記憶についての知識のすべてが必要になってきます。日本の警察では、この質問の作成から検査の実施、そして犯人か否かの識別までを、各県警にある科学捜査研究所の心理学専門のスタッフが行っていますが、彼らはこれらのすべての事柄について数カ月にわたる初任科研修と、その後も継続的で十分なトレーニングを受けています。

実際の事件におけるポリグラフ検査の例

実際に私が鑑定を行った事件を例にあげて、捜査場面におけるポリグラフ検査の例を見てみましょう。この事件は死亡ひき逃げ事件です。犯人は夜間、人気の少ない商店街を時速80キロ以上のスピードで飛ばし、道を横切ろうとしたファストフード店勤務の女性をはね飛ばしました。車はそのまま付近の商店のシャッターを突き破って店に突っ込んで停止しました。犯人はほとんど傷を負っていませんでしたので、車から降りて、まず、はね飛ばした女性を確認しに行きました。女性はほぼ即死状態でした。犯人はそのまま走って逃走しました。

死亡ひき逃げ事件で車が現場に残されていたことから、警察はその車の持ち主を割り出し、持ち主のところを訪ねました。多くの場合、犯人は自宅に逃げ帰っておびえているのですが、この事件の場合、車の持ち主は、警察官が来ると寝起きの格好で玄関先に出てきて、事件のことは一切知らないと言いました。それどころか、自分の車はここ1週間はずっと駐車場にとめてあり、もしその車が事故を起こしたのならば、きっと盗まれたのだろうと言いました。そして、自分の車が駐車場にないことを確認すると、驚いた表情まで見せたのです。

容疑者のこのような言いのがれは捜査をなかなか困難にします。残されていた車から持ち主の指紋や持ち物が出るのはあたりまえなので、もし、目撃者がおらず、付近の防犯カメラにもこの人物が写っていない場合、この男が犯人であることを立証する証拠はないことになってしまいます。

ただし、もし、この持ち主が犯人でないならば、自分の「盗まれた車」がどこでどのような事故を起こしたのかは知らないはずです。そこで、交通捜査課と相談し、犯行を否認するこの持ち主にポリグラフ検査を実施することにしました。まず事件の状況を調べ、次のような質問を作成しました。実際にひき逃げをした犯人は、事故後、被害者を確認しに行っていましたし、被害者は誰が見ても明らかな有名ファストフードチェーン店の制服を着ていました。そのため、被害者がどのような人物かについては、もし車の持ち主が犯人ならば確実に知覚し、記憶していることが考えられます。

犯人が轢いたのは、

「制服を着た女子高校生ですか」

「自転車に乗った若い男性ですか」
「バイクに乗ったお年寄りの男性ですか」
「ファストフードの制服を着た女性ですか」
「コンビニの袋を持った中年の女性ですか」

また、事故を起こした車がどのような状態になったのかは、犯人なら確実に知っているはずです。そこで次のような質問も加えました。

事故を起こした車は、
「ガードレールに当たってとまりましたか」
「電信柱に当たってとまりましたか」
「信号に当たってとまりましたか」
「そばの店に突っ込んでとまりましたか」
「別の車に突っ込んでとまりましたか」

他にも壊れた車の状況やひき逃げが起きた場所などの質問を作成しました。車の持ち主には、事件についての詳細な情報を与えない状態で、警察本部に来てもらい、そこでポリグラフ検査を実施しました。その結果、車の持ち主は裁決質問にことごとく特異な反応を示しました。つまり、この男は、自分の車を盗んだ者が勝手に事故を起こしたわけで、自分は寝ていたので、事故のことはまったく知らないと言っているにもかかわらず、被害者や車がどのようになったか、事故の場所など事故についての事実を知っているということです。これはこの男性が犯人であることを示しています。この事件では，このポリグラフ検査により，ウソの供述を見破り犯人を検挙することができました。

犯人でない者を識別することの重要性

また，犯人を明らかにすることだけでなく，犯人でない者を捜査の対象から外すことも，ポリグラフ検査の重要な役割のひとつです。たとえば，小売店の店長が職場のデスクの中に入れておいた20万円が盗まれるという事件を考えてみましょう。この種の事件は，外部から泥棒が侵入してそこからお金を盗った可能性もまったくないわけではないのですが，ほとんどの場合，犯人はアルバイトか社員の中の誰かです。このような場合，全員からある程度詳細に事情を聞く必要がありますが，彼らは容疑者でもあるので，ある意味犯人である可能性を念頭に置きながらの取り調べとなります。このような取り調べは，犯人でない者にとっても精神的に大きな負担となります。自分が疑われているかもしれないと思うと，不眠症になったり，うつ状態になったりしてしまいます。もし，事件後の早い段階で犯人でないことが確認されれば，その後の取り調べも負担の軽いものになるでしょう。実際には，ポリグラフ検査は犯人を識別して追及するという目的よりも，このように犯人でない者を早い段階で容疑者リストから外すという方向で用いられています。

ＧＫＴの驚くべき犯人識別精度

さて，このＧＫＴは，日本の警察の実務において広く用いられるようになりましたが，それはどの程度の正確性をもつのでしょうか。この問題について，実際の容疑者に行った検査結果を初めて集計したのは，奈良県警の疋田です。
疋田[2]は奈良県警で行われた１１６６件のポリグラフ検査を報告しています。それによると、検査を受けた人が実際に犯人であった場合、検査結果が「犯人である」と出たケースが92％、結果が「犯人でない」と出た場合が８％、検査を受けた人が犯人でなかった場合に、検査結果が「犯人である」と出てしまった場合が０・４％、「犯人でない」と出た場合が99・６％でした。

ここで注目したいのは、犯人でないにもかかわらず「犯人である」と誤って識別されてしまう率がきわめて少ないことです。これは、ポリグラフ検査によって誤って犯人にされてしまう可能性がほとんどないことを意味しており、無実の人に疑いをかけてしまうことを防ぐ方法としても、この手法が優れていることを示しています。

最近では、小川ら[9]がより厳密な手続きの実験を行って、ＧＫＴの正確性を示しています。この研究では、１６７人の実験参加者に対して、指輪を盗む泥棒のシミュレーションをする課題（模擬窃盗課題）を行わせ、その後、指輪を裁決質問、ネックレス、イヤリング、腕時計、ブローチを非裁決質問としたＧＫＴ（彼らの論文ではＣＩＴと記載されています）を行い、犯人群と無実群を識別できるかどうか調査しました。この小川らの実験では、無実群72人中、誤って犯人と判定された人数はわずか３名、割合にして４％程度でした。小川の実験の精度は、疋田の研究に比べて低いように思われますが、注目すべきは、この実験は模擬窃盗課題で行われたということです。つまり、この実験で犯人であることがバレてしまっても、何の罰も与えられないのです。このような状況でこれだけの判別が可能であるとすれば、犯行がばれてしまえば、有罪になる可能性もある実際の容疑者での正確性が、格段に高くなるのは明らかでしょう。[15]また、質問も１種類しか使われておらず、これだけでこの識別率が得られたのは驚異的な結果であると言えます。

日本の警察が現在実施しているＧＫＴ（ＣＩＴ）は、心理学の歴史が始まって以来最も高い精度で犯人を識別できる方法です。そのため、海外の警察関係者や研究者からも注目されているのが現実です。ネットなどでは、「日本の犯罪心理学はアメリカに比べれば全然ダメ」などのコメントをよく目にしますが、そのようなコメントをしている人はだいたい犯罪心理学についての知識がまったくない素人です。ポリグラフ検査に関しては、日本の警察のもっている技術は疑いもなく世界一の誇るべきものです。ただ、これは単に装置が優れているわけではなく、警察庁の科学警察研究所を中心とした研究体制や、各県警の長年の実務経験、専門家を養成する教育体制が整備されているからだということを、忘れてはならないでしょう。

ポリグラフ検査を批判する人々

さて、このように比較的精度が高い日本のポリグラフ検査なのですが、なぜか、いろいろな立場の人から批判を受けることが少なくありません。ただ、注意しなければならないのは、このような批判のほとんどが、批判者の不勉強からくる見当外れのものだということです。このような批判を行うのは、刑事訴訟法の研究者に多いようです。彼らは、しばしばポリグラフ検査が信頼できないと述べますが、そこで引用されるのは50年も前の判例や文献なのです。あたりまえのことながら科学は日々進歩していくので、他の科学捜査の分野で、50年前の文献を根拠に批判されることなどほとんどないのですが、ポリグラフに関してはこのような批判がまかり通っています。また、ＣＱＴとＧＫＴの違いやアメリカと日本の実務の違いなどをほとんど知らず、アメリカのポリグラフ検査（ＣＱＴが中心）の批判をそのまま日本のポリグラフ検査に適用してしまったりします。さらには、ポリグラフ検査の実務が、犯人を識別するよりも犯人以外のものを識別し、早い段階で容疑者リストから外すという方向で使用されていることも認識していないようです。専門家を名乗るからには、また批判をするからには、もっと基本的なことをしっかり勉強してから出直してきてほしいものです。

7 脳からウソを検出する

脳波を使って犯人を識別することができるか

さて、今まで述べてきたポリグラフ検査は、血圧や呼吸、皮膚電気反射などの身体活動の変化を用いるものでした。これらは専門的な用語では末梢神経系反応といいます。これに対して、脳の反応は中枢神経系反応といわれます。さて、私たちの高度な情報処理は脳で行われるため、末梢神経系反応からウソを見破る方法でなく、中枢神経系である脳の反応から直接ウソを見破ることはできないのかと、多くの研究者は考えました。もちろん、脳も電極をつないでその活動をモニターすれば、脳波と言われる反応を取り出すことができます。そこで、この脳波を使用してウソを見破ることができないか、研究が行われることになります。

ところが、この研究はなかなか困難なものでした。当初は希望的な観測も含め、ウソをついたときに特別に発生するなんらかの脳波パターンが存在するのではないかという見込みで研究が行われたのですが、そのようなパターンを発見することはできませんでした。脳波は確かに、私たちの覚醒状態などをモニターするのには優れた指標ですし、てんかんなどの疾患やさまざまな脳の障害を診断するために重要なツールではあったのですが、精神活動の内容をそこから直接読み取ることはかなり困難だったのです。

そこで試みられたのは、末梢神経におけるＧＫＴ（ＣＩＴ）に類似した方法でした。つまり、脳波をモニターしながら裁決質問と非裁決質問を行い、ここで異なった脳波のパターンが現れるかどうかを調べるわけです。この種の研究で最初に行われたのはオーバーマン(8)のもので、彼は「α波減衰」と言われる現象をウソの指標にしようとしました。脳波はその周波数によってα波、β波、θ波などに分けられますが、このうちα波は緊張すると少しずつ減っていきます。もし犯人であれば、裁決質問で緊張することが予想されるので、α波が弱まるはずです。これを用いて犯人を識別しようと考えたのです。ちなみに、当時コンピューターはありませんので、ペン書きで出力された用紙を目で見て確認するという方法で実験は行われました。その結果、「犯人」識別が成功したケースもありましたが、その正解率は偶然よりも少し良い程度にしかなりませんでした。

事象関連電位を用いて犯人を識別することができるか

α波減衰を使用した研究であまりうまくいかなかった研究者たちが、次に目をつけたのは「事象関連電位」と言われている脳波です。これはなんらかの心理的な活動にともなって発生する脳波のパターンです。ただし、この脳波は数μボルトの単位であり、数十μボルトの背景脳波（α波、β波など普段から常に出ている脳波のこと）に隠れてしまって、目で見て確認するのは困難です。ただし、何回も同じ実験試行をくり返し、そのときの脳波を加算していくと背景脳波が打ち消し合って消えていくので取り出すことができます。事象関連電位にもさまざまな種類があるのですが、ウソ発見のために有用だと考えられたのは「Ｐ３００」と言われているものです。これは、低い確率で発生する特別な意味をもった刺激が呈示されたときに生じる事象関連電位です。たとえば周波数が異なる２種類の音を用意し、その一方を高い確率（たとえば８回のうち７回）、もう一方を低い確率（たとえば８回のうち１回）でランダムに呈示し、低い確率で生じるほうの音が鳴るとボタンを押すといった課題を行わせたとします。このとき、低い確率で発生する「ボタンを押さなくてはならない」、つまり特別な意味をもった音の呈示にともなって生じるのがＰ３００です。

実は、この方法を使ってＧＫＴ（ＣＩＴ）を行うことができます。通常のＧＫＴ（ＣＩＴ）では、４～５問程度の非裁決質問と1問の裁決質問が示されます。この裁決質問だけが事件に関係したものです。これは、犯人にとっては、裁決質問が「低い確率で発生する特別な意味をもった刺激」であることを意味しています。とすると、ここでＰ３００が観察されるはずです。一方、犯人でなければ、どの質問も「特別な意味」をもっていないのでＰ３００は生じないことになります。この方法を使って実験を行ったのが、ファーエルとドンチンです。[1] 彼らは20名の犯人のうち18名、犯人でない者20名のうち17名を正確に判別することに成功しました。その後も、わが国で行われた研究も含め、多くの研究で同じような結果が得られています。２００９年には、平[3]が、それまでに行われたＰ３００を用いる12個の研究の結果をまとめ、論文を出しています。この論文によれば、正しく判断できた割合は２０５名のうち１８１名で、88・３％となりました。これは実際の犯罪捜査に使用することができるような実用性のある数値です。

ついに脳の中へ

20世紀の後半から21世紀にかけて、脳科学は大きく発展し、脳の中をのぞき見る装置がいくつも開発されてきました。その中のひとつがｆＭＲＩと言われるものです。これは、脳の中のどの部分が活動しているのかを空間的に明らかにできる装置です。検査を受ける人は、大きな装置の中に入り課題を行い、脳の活動を記録されます。この装置も、脳の活動をダイレクトに記録できるわけですから、もちろん、ウソ発見に使用できるのではないかと大きな期待がかけられました。

初めてｆＭＲＩでＣＩＴを行ったのは、ラングレーベンのグループです。[4] 彼らは実験参加者に1枚のトランプのカードと20ドルを渡してポケットに入れさせ、脳の検査でこのカードを当てられないように指示しました。もし当てられてしまえば、20ドルは没収されることになります。うまくｆＭＲＩをだますことができれば20ドルが手に入ります。実験参加者には実際に渡されたカードを含めた3種類のカードが示され、それを自分が渡されたカードではないと否定することが求められました。この研究の結果、ウソをついたときに左側帯状回から右内側上前頭回にかけてと、前運動皮質などが活動することがわかりました。また、野瀬ら[7]は、やはりトランプのカードを用いた研究を行いました。課題は、1枚のカードを記憶し、その後に示される5枚のカードを見て、脳の活動から自分の選択したカードを当てられないようにするというものでした。この実験では、右前頭前野腹外側部の賦活が、隠そうとする情報と関連していることが示され、この部分の活動をもとにして分析したところ、84・2％の実験参加者で正しい判定をすることができました。現在のところ、fMRIを使用したウソ発見の方法はまだ研究の途上ですが、どうも前頭前皮質と呼ばれている領域が、知っている情報を隠すこと（つまりウソ）と密接に関係しているのではないかということがわかってきています。

さて、このfMRIは、脳の深い部分の活動まで明らかになる非常にすばらしい装置なのですが、受ける人にとってはたいへん負担の大きな検査となります。頭部の怪我などでMRI検査を受けたことがある人はわかると思いますが、うるさい、狭い、時間がかかるというなかなか苦痛な検査なのです。そのため、もし犯罪捜査にこの装置が使われるとしても、容疑者から協力を得るのは難しいかもしれません（現在、捜査におけるポリグラフ検査のほとんどは任意で行われていますが、令状をとって強制的に受けさせることも不可能ではありません。ただその場合にも、最終的には受ける側が協力してくれないと、検査の実施は困難です）。また、fMRIは「空間分解能」が高い、つまり空間的な細かな情報まで精度よく測定できるのですが、その代わりに「時間分解能」、つまり時間に関しては細かなところまではわからないという特徴があります。ウソの検出にとっては、空間的な分解能よりもむしろ時間的な分解能の優れているほうがメリットがありますので、[注1] この

（注1）CITでは項目呈示後数秒間の脳の変化が重要になるので、この部分が細かく測定できなくてはなりません。つまり時間分解能が重要になります。

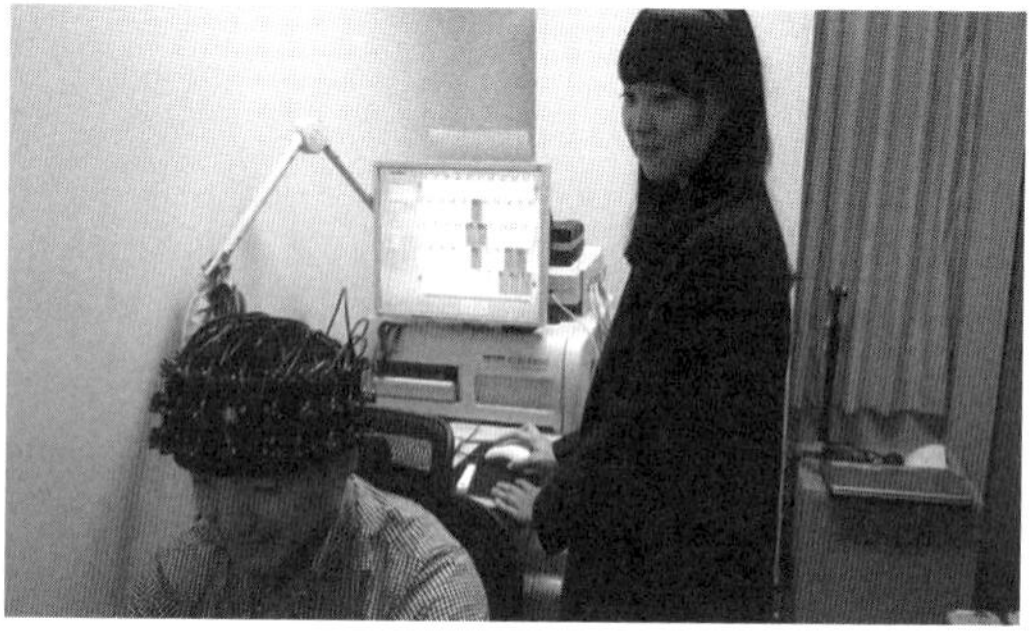

図3-3　NIRSによる検査を実施している場面

ような意味でｆＭＲＩにも欠点があります。

そこで用いられるのがＮＩＲＳという装置です。ＮＩＲＳは、脳波を測るときのようなセンサーを頭に接着し、脳の表面の血管内にあるヘモグロビン中の酸素を測定する装置です（図3-3）。脳の活動には酸素が必要ですので、これを測定することによって、脳のどの部分が活動しているかを測定できるわけです。この装置はｆＭＲＩほど脳の奥深くまで測定できるわけではありませんが、検査を受ける人にとっては少ない負担で実施でき、時間分解能は高いので、よりウソ発見に適している装置かもしれません。

この装置を使用してＣＩＴを行ったのは、サイらのグループです[12]。彼らは、検査を受ける人に、スペードのジャックのカードと10人民元札が入った封筒を盗み出すという泥棒のシミュレーションを行わせた後で、5枚のカードと5種類の紙幣を呈示して、そのときの脳の活動をＮＩＲＳで測定しました。その結果、測定した24カ所のうち3カ所で、裁決質問と非裁決質問に違いが生じることがわかりました。そこは前頭前野であり、ｆＭＲＩで示されたウソの中枢と同じ場所でした。また、私たちの研究グループは、泥棒のシミュレーションを行った犯人において、裁決質問と非裁決質問とで血流量が変化することを見出しただけでなく、容疑者の中から比較的高い確率で犯人を選び出す実験にも成功しています[6]。

ウソ発見の未来へ

人のウソを見破りたいという私たちの望みはさまざまな研究を推し進め、ついに現在では、その人物が本当のことを言っているのか、ウソをついているのかを、最先端の機材を使って脳の活動から明らかにするといった研究にまで到達しました。その過程で開発されたテクニックは警察の捜査にも用いられ、とくにわが国では、警察の捜査実務において重要なツールになっています。

最近、進化心理学では、「そもそも私たちの知性やさまざまな社会行動は、他の個体から出し抜かれない、ダマされないようにするために発生してきたのだ」と指摘されることがあります。もしそうだとすれば、この「人のウソを見破りたい」という欲求は、私たち人間にとって究極の最も重要なものなのかもしれません。おそらく、今後も人のウソを見破るための研究は進んでいき、もしかしたらあと数十年後には、ウソはみな見破ることができるようになるかもしれません。しかし、それはそれでたいへん暮らしにくく、窮屈な世界になってしまう可能性が大きいと考えられます。では、どこまで研究を進めていったらよいのでしょうか。私たち「ウソ発見」研究者にとって、これはけっこう頭の痛い問題でもあります。

推薦図書

Vrij, A. (2012) *Detecting Lies and Deceit: Pitfalls and Opportunities*, 2nd edition. Wiley, Chichester.〔太幡直也・佐藤拓・菊地史倫監訳（二〇一六）『嘘と欺瞞の心理学——対人関係から犯罪捜査まで　虚偽検出に関する真実』福村出版〕

本書は、今までに心理学の領域で行われたウソ発見に関する研究の集大成です。ありとあらゆる研究について系統立てて紹介されています。すばらしいのは、分厚い原著を全訳しており、かつ詳細な参考文献もすべて収録している点です。本書を読めば、ウソ発見研究の現在を的確に理解することができます。しかし、６００ページ以上もあるので相当手応えはあります。

第4章 凶器を持った犯人を記憶しにくいのはなぜ？

——目撃研究をめぐる神話

【箱田裕司】

1 はじめに

事件の目撃者の証言がどれほど信頼できるか研究する分野でも、いかにも本当らしく聞こえ、あたかも真実であるかのように信じられてしまう現象や発見があります。そのひとつが「凶器注目効果」です。凶器注目効果とは、凶器を持った犯人をなんらかの状況で目撃した場合、目撃者はその犯人の顔よりも凶器のほうに注目し、そのために犯人の顔かたちについての「知覚」や「記憶」が成立しにくくなる現象を言います[4]。刑事事件では凶器が使われることが多く、そのことが目撃者による犯人の特定に影響するならば、証言の証拠としての価値に影響するきわめて重要なことがらですので、心理学者もその効果に関心をもち、研究が行われてきました。今日、多くの研究者は凶器注目効果を確固としたものであると信じているようです。しかし、私たちは文字どおり凶器に注目することが凶器注目効果の原因であるのかということに疑問をもち、心理学の実験によって検証しました。この章ではその証拠をもとに、「では何が『凶器注目効果』を引き起こすのか」ということについて述べたいと思います。

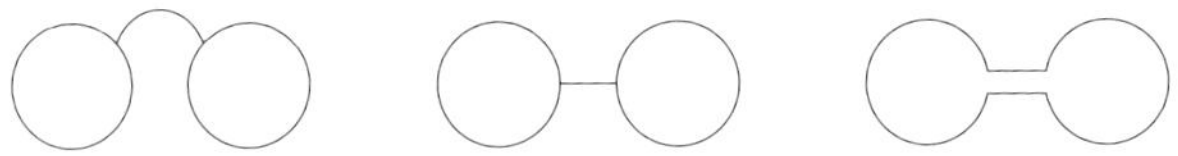

図4-1　カーマイケルらの刺激（中央）とラベル下の描画再生例（左右）[1]

2 ラベルを付けると記憶は変わる？

まず、図形にどのようなラベルを付けるかによって、図形の記憶は変容するという、きわめて有名で多くの教科書に取り上げられる研究[1]について説明します。たとえば、**図4-1**の真ん中にあるような曖昧な図形に、「めがね」あるいは「ダンベル」といったラベルを付けて見せたあと、図形を思い出して描くように求めると、図の左右の例のようにラベルの方向に歪んで描かれてしまいます。

確かに、刺激にラベルを付ければ、その後に描かれた図形はラベルに近い形に歪められるという結果は心理学の実験でその後もたびたび得られています。しかし刺激の記憶について、描画ではなく、いくつかの絵から実際に見たものを選ぶ、いわゆる「再認」を用いて調べると、ラベルの影響は見られないという報告もされています[9]。この中でプレンティスは「学習中にラベルを使用しても、もとの視覚の経験や記憶の過程は変容しない」と言っています。つまり、絵を描く際にラベルの情報を用いているのであって、もとの記憶自体が変化しているわけではないという可能性を否定できないのです。もし記憶そのものが変化しているのであれば、描いて図形を再現するのであろうと、実際に見た図形を選ぶのであろうと、ラベルに沿った反応が得られるはずです。

このような問題を指摘する証拠があるにもかかわらず、「つけ加えられたラベルによる記憶の変容」という話は一人歩きをして、教科書の一角を飾っています。

つけ加えられる情報によって記憶が変わるという話は、私たちの常識に合うのかもしれません。このことは目撃証言に見られる「事後情報効果」（後で加えられる情報によって、目撃の報告の正確さが損なわれる現象）についても言えることであり、この章の後半に触れることにします。

次に本題である、凶器注目効果について述べます。

3　凶器注目効果は「注目」によって起こるのか？

凶器注目効果とは？

「凶器注目効果」とは、先にも述べましたが、凶器を持った犯人をなんらかの状況で目撃した場合、目撃者はその犯人の顔よりも凶器のほうに注目し、そのために犯人の顔かたちについての「知覚」や「記憶」が成立しにくくなる現象を言います[4]。

このような定義は一般的で、多くの心理学者に受け入れられており、目撃証言についての論文を発表したことのある心理学者に尋ねると、ほぼ90％が「犯罪の場面で被害者は凶器に注目し、そのことによって犯人の顔を思い出すことが妨げられる」と言います[12]。目撃証言に影響を与える有力な要因として、多くの研究者に認められています。

ロフタスらによる先駆的な研究とその問題点

しかし、凶器注目効果は文字通り凶器に注目することによって起こるのでしょうか。凶器注目効果についての代表的な研究はロフタスらによるものです[6]。

彼女らは、実験に参加した人に、「凶器を持った人物が登場する場面」を見せる条件（凶器条件）と、「凶器の代わりに小切手を持った人物が登場する場面」を見せる条件（小切手条件）を設定しました。実験の参加者は18～31歳の学生36人です。どちらの条件でも18枚の35㎜スライドを見せ、スライドには「ファストフードレストランで注文するために人が並んでいる場面」が描かれていました。

「凶器条件」では、ある人物がレジ係に拳銃を突きつけ、金を出すように要求し、レジ係はお金を渡す。「小切手条件」では同じ人物がレジ係に小切手を手渡し、レジ係はつり銭を渡すという場面です。ふたつの条件は、犯人がレジ係に向けたのが拳銃か小切手かという点を除いては同一です。スライドは1枚あたり1・5秒間提示されます。実験の参加者がスライドのどこを見ているのかは眼球運動計によって測定されています。その後、スライドについて20個の質問がなされました。うち、7個は登場人物に関するもので（たとえば「その人物のコートの色は?」）、実験の参加者はこれについて四つの選択肢から答えます（たとえば「青」「褐色」「黒」「灰」）。次に人物の特定を行います。画面に3×4で配置された12枚のスライドから人物を選択しなくてはなりません。

実験の結果、20個の質問について、凶器条件の参加者の回答の正答率は小切手条件の回答に比べると低いものでした。また人物に関する7個の質問についても、人物の特定においても、小切手条件に比べて凶器条件で成績は悪かったのです。

では、拳銃や小切手、そして登場人物への注目はどうであったのでしょうか？　実験の参加者の眼球運動を記録したデータを調べたところ、拳銃は小切手よりも頻繁に凝視され（凝視した回数の平均は、拳銃で3・72回、小切手で2・44回）、凝視した時間の合計について調べても、拳銃は小切手よりも長く見つめられています（拳銃は242・0ミリ秒、小切手は200・3ミリ秒）。

このロフタスらの研究[6]はその後たびたび引用されることになります。

①凶器を長く、何度も見る
②凶器条件の顔の再認成績が低下する

これら2点を明らかにしたという点は評価されますが、しかし、②は①の結果起こったのでしょうか、つまり①が原因で②が起こったという、因果関係があるのでしょうか。彼女らは確かに①と②の事実は明らかにしましたが、因果関係を明らかにしたわけではありません。この二つの事実はあくまでたまたま一緒に起こったことであり、②は他の原因、たとえば次に述べますように、視野が狭まることでも起こりうるとも考えられます。

私たちは、凶器に注目することによって記憶が低下する可能性（凶器を長く何度も見ることによって、他の情報、たとえば犯人の顔に対して注目しにくくなる）に疑問をもちました。それ以外にも原因があるのではないか、凶器が現れる場面はしばしば激しい感情を呼び起こす可能性があるため、それによって視野が狭まり、凶器の周辺にある情報の見落としが起こる可能性があると考えました。

視野を狭くするもの

見ている対象が複雑な刺激である場合や行っている課題が困難なものである場合に、視野が狭まること、つまり「有効視野の狭窄化」が起こることが知られています。[3][11]「有効視野」について述べる前に、「中心視・周辺視」という言葉について説明します。

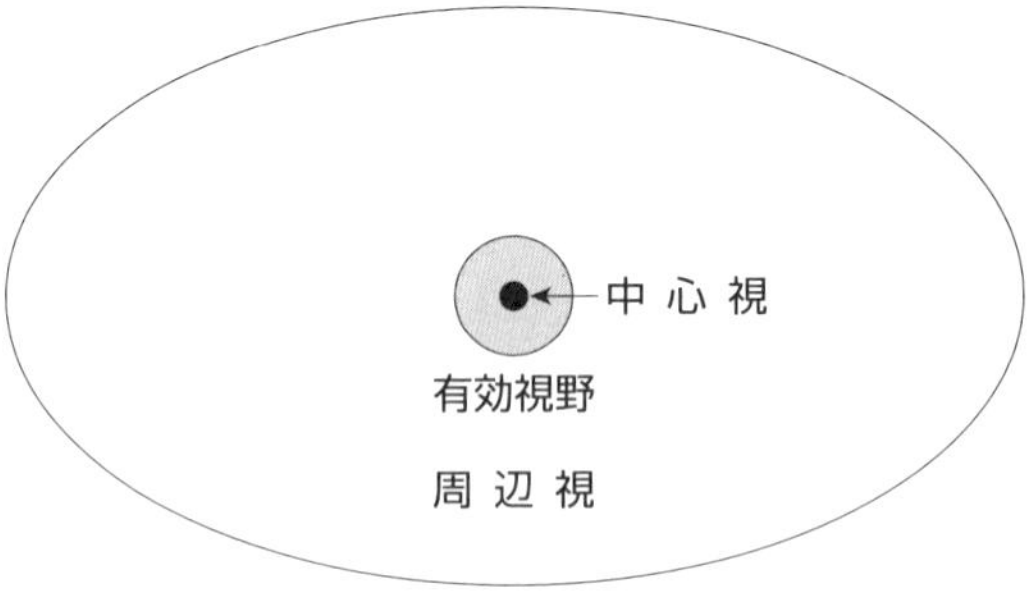

図4-2　中心視・周辺視と有効視野

私たちがものを見る場合、最も識別力の強いところに像を結ぼうとします。これを「中心視」と言い、視角にして1〜2度です。中心視から離れてより外側で対象を見ることもでき、これを「周辺視」と言います。周辺視は、中心視ほど空間を詳しくは識別できませんが、対象をある程度は認識できます。この部分を「有効視野」と言います（**図4-2**）。

有効視野はさまざまな原因で狭まる

有効視野は視角にして4〜20度であり、その範囲はさまざまな要因によって変化します。

ウィリアムズ[11]の実験では、文字のマッチングについて2種類の課題が行われました。二つの課題はそれぞれ難しさの度合いが異なります。ひとつは「物理的マッチ」と呼ばれるもので、二つの文字が物理的に同じものである場合（たとえば「A-A」）に、「同」と答えなければなりません。もうひとつは「カテゴリーマッチ」と呼ばれるもので、二つの文字がともに母音もしくは子音である場合（たとえば「A-E」）に、「同」と答えなければなりません。それ以外は「異」です。この課題を視野の中心で行っているときに、周辺の離れたところで光が点灯します。点灯すれば実験の参加者はそれにも応答しなければなりません。この実験の結果を**図4-3**に示します。より難しい課題のカテゴリーマッチをやっているときは、よりやさしい物理的マッチをや

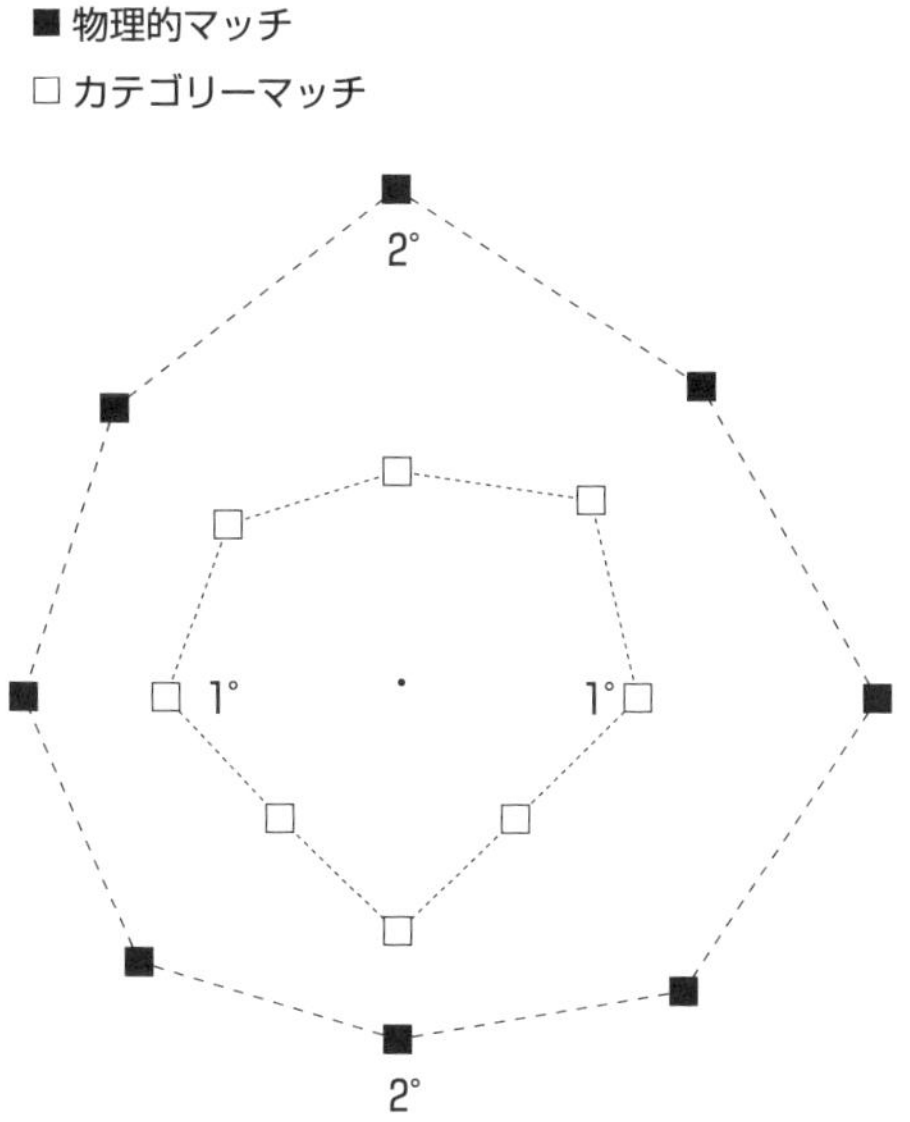

図4-3　二つの課題に見られる有効視野の違い[11]

っているときに比べて、周辺の光点を正しく検出する範囲が狭くなっています。課題が難しくなれば有効視野が狭まるのです。

凶器注目効果は有効視野が狭くなることが原因？

凶器が現れる場面でも有効視野が狭まるのではないかと私たちは考えました。まず、手始めに、「男性が凶器で女性を殺害する場面」を描いた動画（情動条件）と、「男性が女性に道を尋ねる場面」を描いた動画（中性条件）を見ているときに、周辺の４隅のいずれか（画面の中心から約９度）に数字を示す、という実験を行いました。[7] 実験の手順を**図4-4**に示します。動画を見る前と後とで実験参加者の感情の状態がどのように変化するか調べるために、気分に関するチェックリストを実施しました。[10] この気分チェックリストは「エネルギー覚醒」（たとえば「活動的である」「元気がある」）、「緊張覚醒」（たとえば「びくびくしている」「ピリピリしている」）

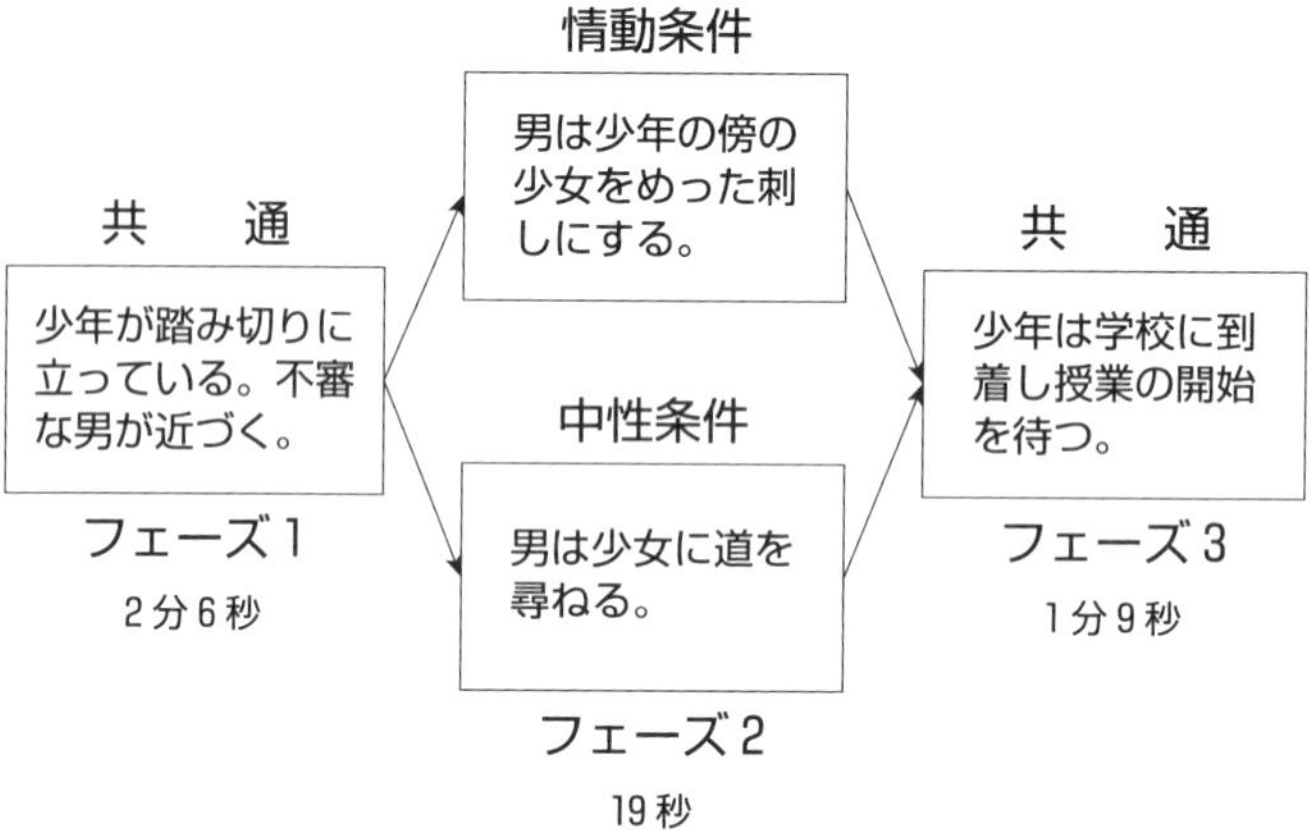
情動条件
男は少年の傍の少女をめった刺しにする。
共　通
少年が踏み切りに立っている。不審な男が近づく。
フェーズ1
2分6秒
中性条件
男は少女に道を尋ねる。
フェーズ2
19秒
共　通
少年は学校に到着し授業の開始を待つ。
フェーズ3
1分9秒

図4-4　情動条件，中性条件の手順[7]

から構成されています。

動画を視聴した後で、参加者は上映中の画面の4隅のどこかに何か出たことに気づいたか、画面のどの位置に出たか、それは何であったかが尋ねられました。4隅のそれぞれの位置に現れた数字を、正確に回答できた人の数を**表4-1**に示します。

表4-1から、4隅に示される数字を正しく認知できる人は、中性条件に比べて、殺人現場を見る情動条件では極端に減っていることがわかります。このことは有効視野が狭くなったことを示しています。一方、**図4-5**は、気分チェックリスト中の緊張覚醒を調べる項目の得点が、ビデオを見ることによってどのように変化したかを示したものですが、殺害場面のビデオ（情動ビデオ）を見た人の緊張覚醒のレベルが上がっていることがわかります。この実験の結果から、凶器による殺人場面を見たときに有効視野が狭くなることが明らかとなりましたが、その原因は凶器に注目したためではなく、緊張覚醒のレベルが上がっていることからストレスが増したことによるのかもしれません。さらに、動画を見ている最中に数字を示すので、数字が4隅に提示されたとき、見ている人がどこを凝視しているのか、凝視している点から提示された数字まで、どれほど離れていたのかも明らかではありません。

表4-1　4隅に提示された数字を正しく検出した人数⑦

ビデオ種類		情動ビデオ				中性ビデオ			
数字提示フェーズ		2				2			
数字提示位置		左上	右上	左下	右下	左上	右上	左下	右下
検出成績	見た	1	1	0	1	3	4	2	1
	見てない	3	3	4	3	1	0	2	3
検出数		3/16				10/16			

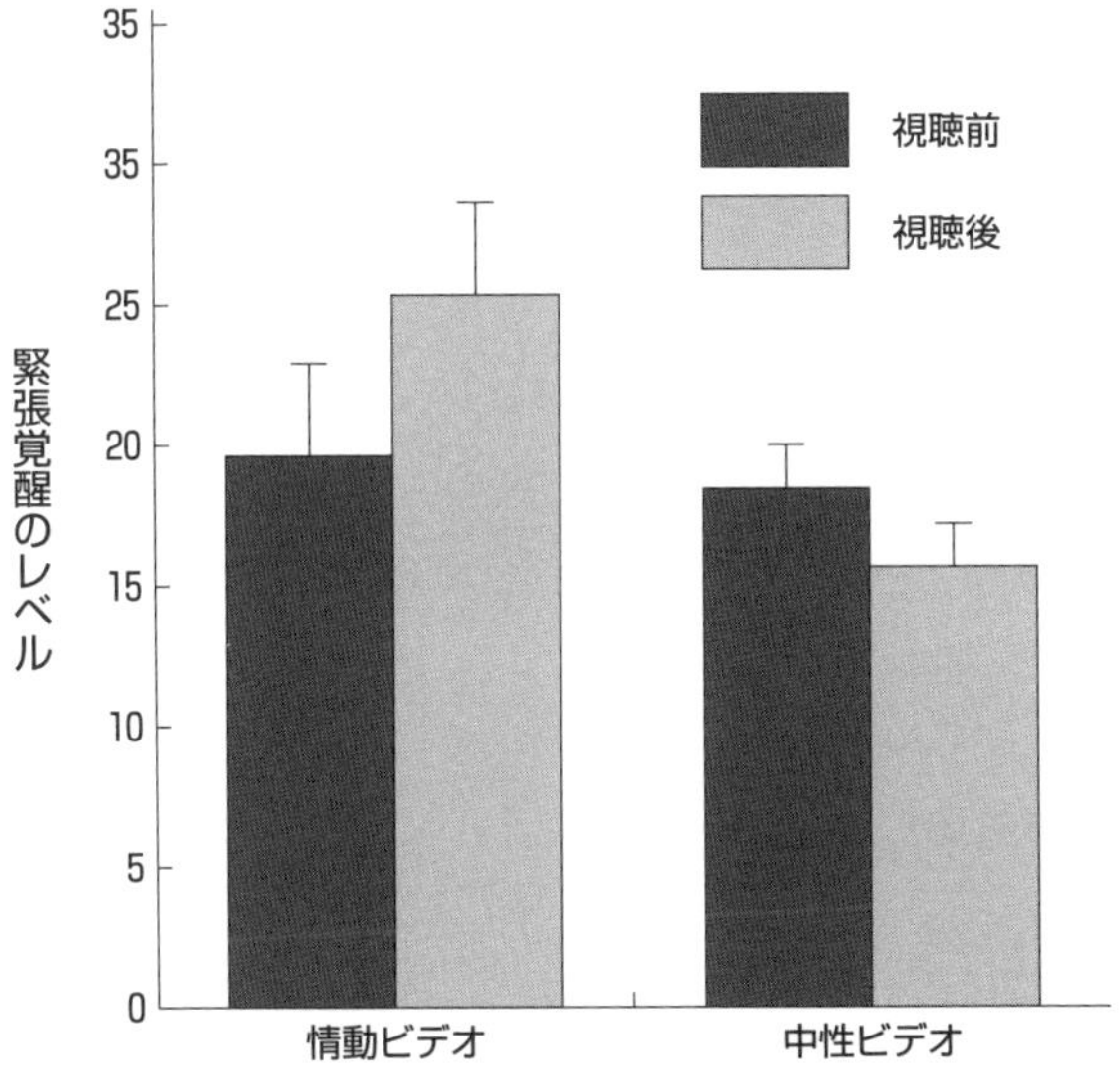

図4-5　ビデオの視聴前後に見られる緊張覚醒の変化⑦

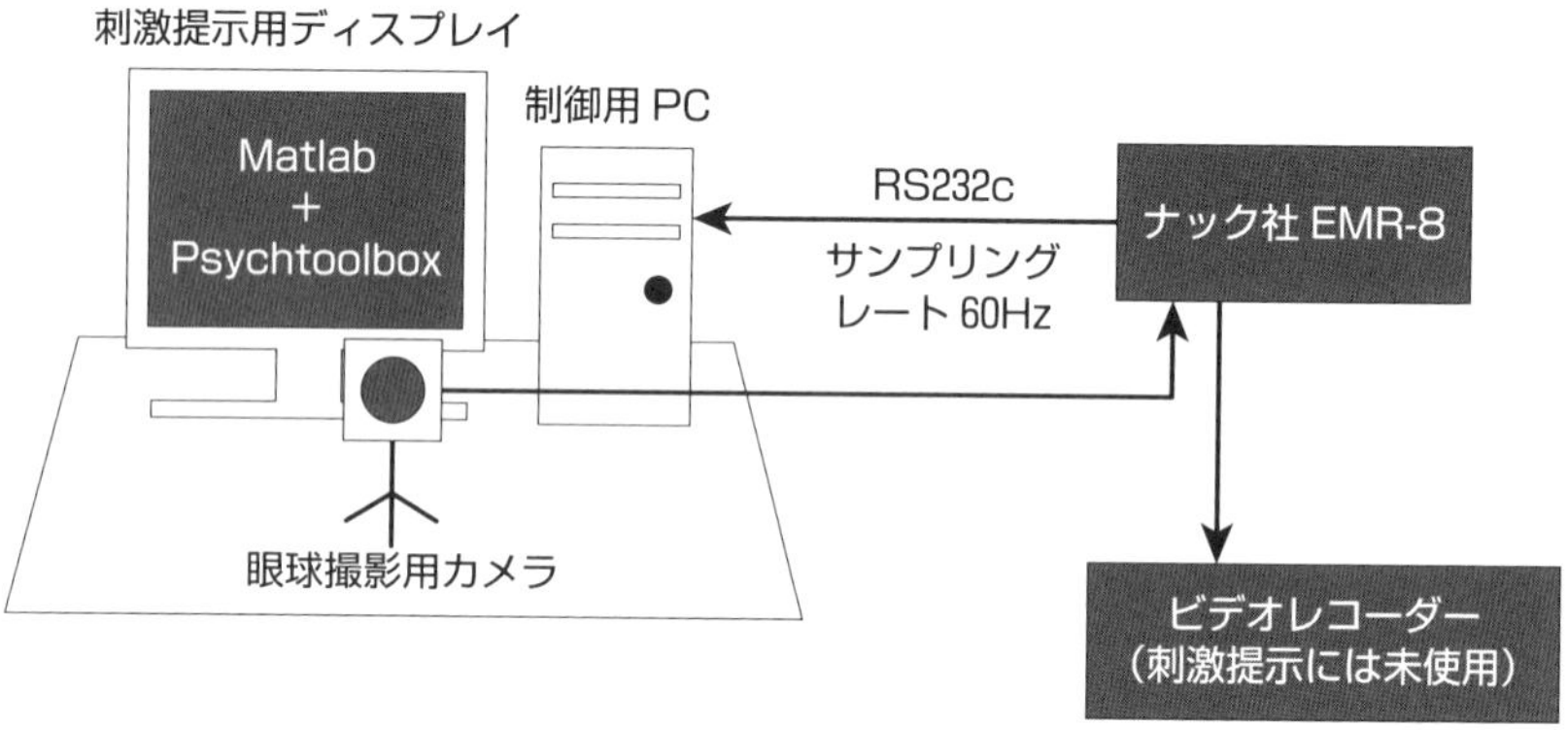

図4-6　アイマークレコーダと実験制御プログラムによる有効視野の測定

以上のことから、凶器は現れるけれどストレスは呼び起こさない場面を設定し、さらに凝視している位置を眼球運動計によって検出し、見つめる位置から一定の距離離れているところに数字を出すという方法（**図4-6**）で、次の実験[2]を行いました。この実験では「凶器あるいは凶器でないもの（中性刺激）を持った人物が登場する場面」を含む複数の静止画を見てもらい、凶器あるいは凶器でないものが見えたそのとき、凝視している場所から視角1、3、6、9、11度のいずれかの離れた位置に数字が示されました。実験の手順を**図4-7**に示します。

設定された条件には、中心付近に示される情報が凶器であるか、それとも中性刺激（**図4-8**）であるかの違いがあります（それぞれ「凶器条件」「中性条件」）。

この実験に先立って、それらがそもそも凶器注目効果の起こる刺激であるかどうかを確かめるために、予備の実験を行いました。凶器条件（15名）は凶器刺激を、中性条件（15名）は中性刺激のみをそれぞれ目撃し、後に、周辺に関する情報（人物の服装など）についてＹｅｓ／Ｎｏで答えてもらいました。その結果、凶器の存在は周辺の情報を再認する際、その正確さを明らかに低くしました（**図4-9**）。この結果は、凶器の存在が周辺情報を再認しにくくしていること、すなわち凶器注目効果が起こっていることを示しています。

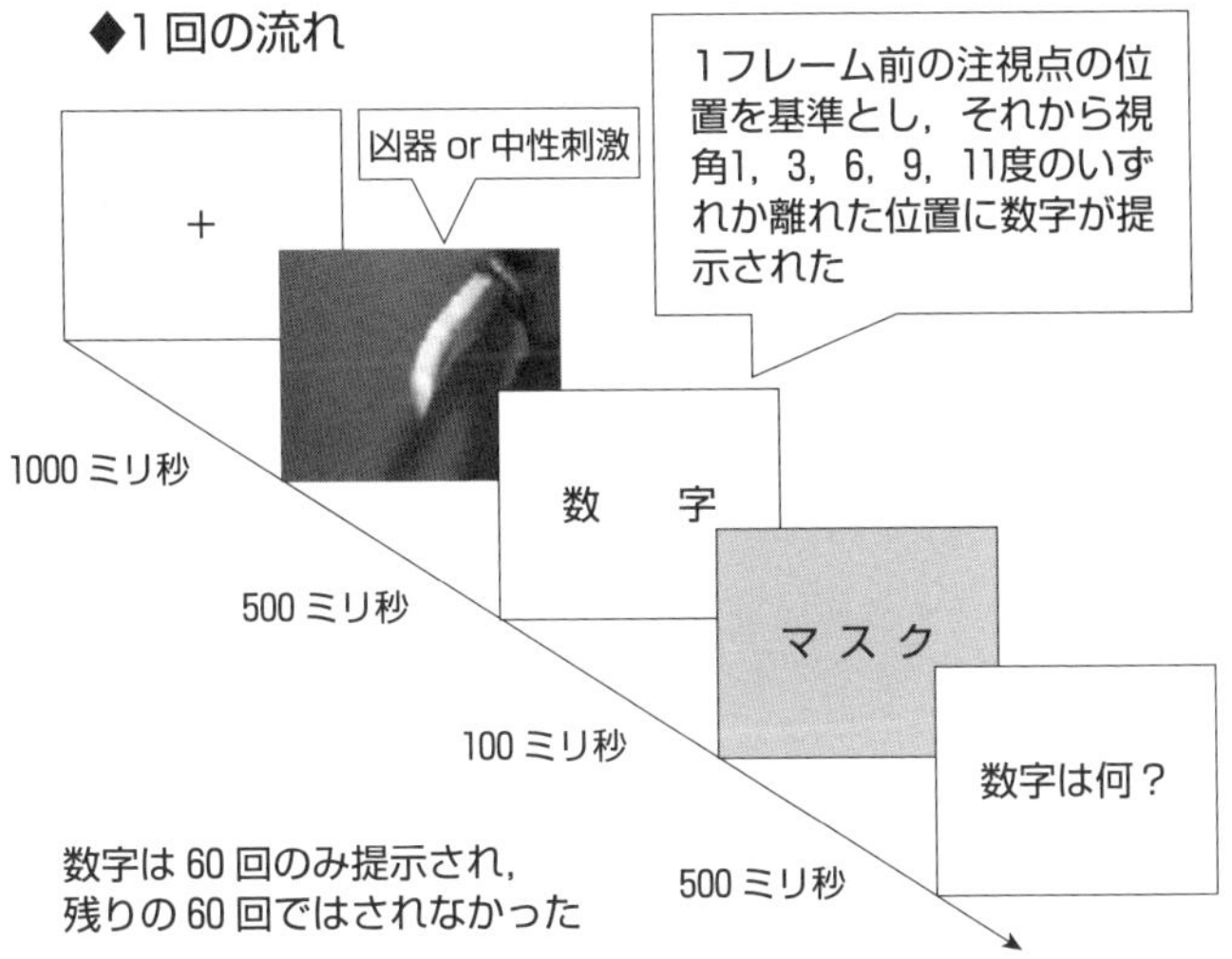
◆1 回の流れ
1フレーム前の注視点の位置を基準とし，それから視角1，3，6，9，11度のいずれか離れた位置に数字が提示された
凶器 or 中性刺激
＋
1000 ミリ秒
数　字
500 ミリ秒
マスク
100 ミリ秒
数字は何？
500 ミリ秒
数字は 60 回のみ提示され，
残りの 60 回ではされなかった

図4-7　実験の手順[2]

実験参加者が凝視しているところ（注視点）から一定の距離（視角）離れた位置に数字が提示され，参加者はそれを報告しなければならない。

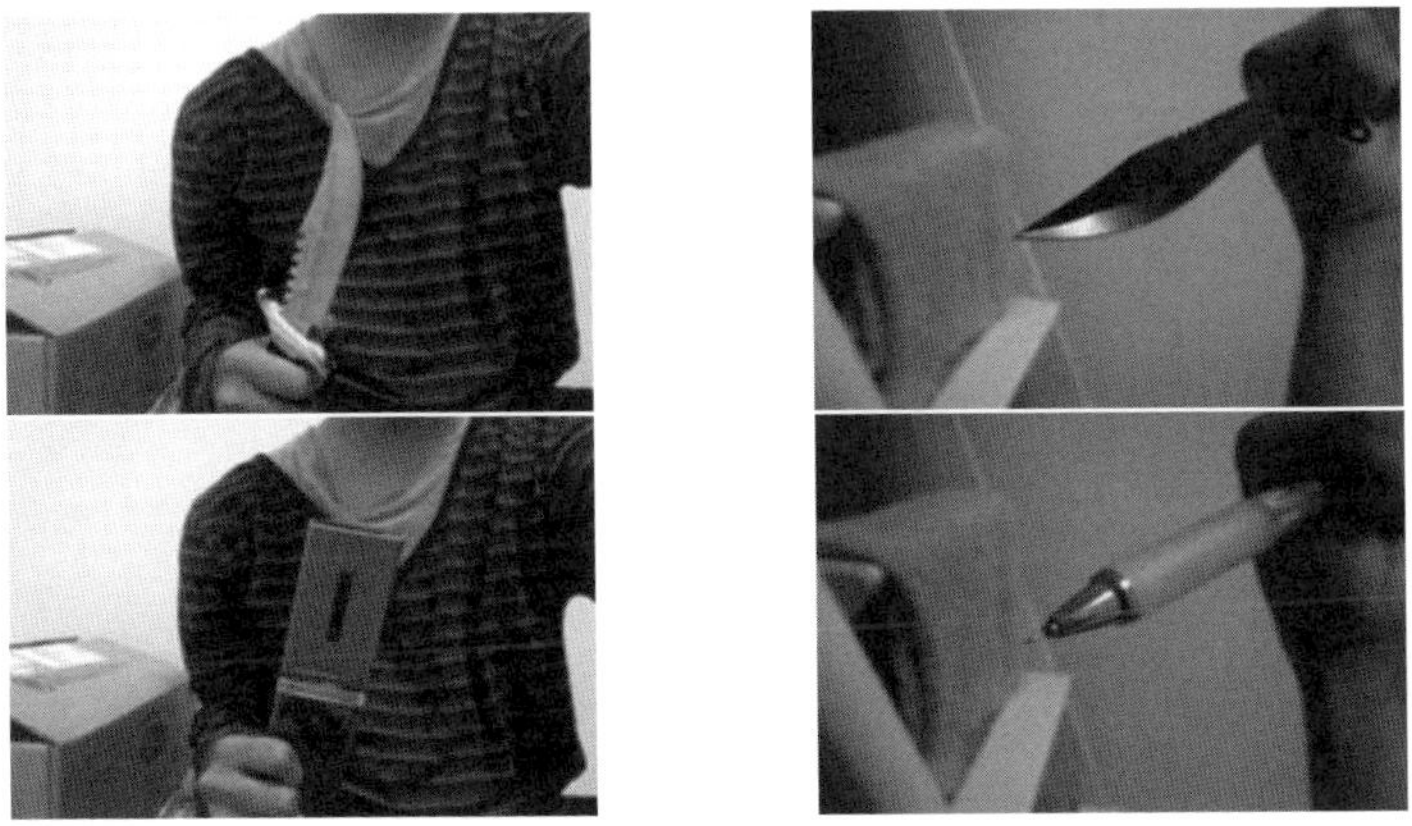

図4-8　上が凶器条件の刺激，下が中性条件の刺激[2]

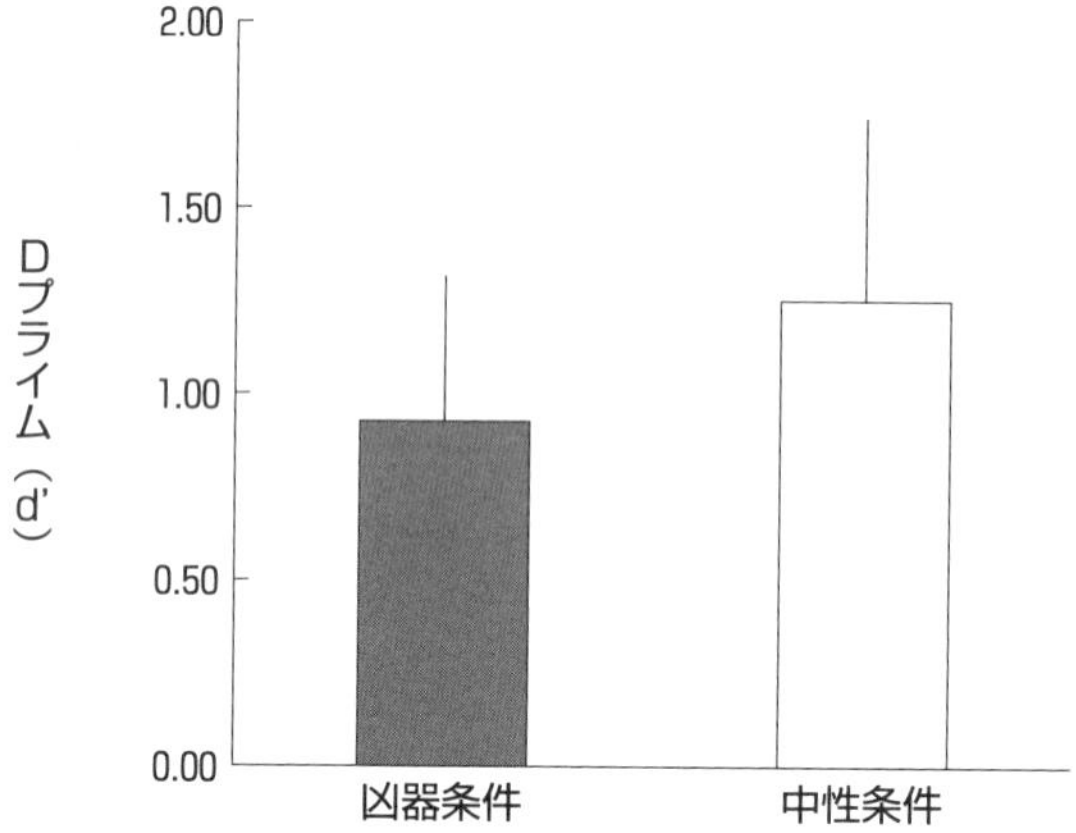

図4-9　凶器条件と中性条件の周辺情報についての再認成績[2]
（縦軸 d' は信号検出理論による刺激検出力の指標）

さて、凶器条件と中性条件の有効視野を調べる実験で、結果はどうだったのでしょうか。凶器が登場する凶器条件、凶器ではないものが提示される中性条件のそれぞれにおいて、凝視している点（凝視点）から1、3、6、9、11度の離れた位置に、任意の数字が示されます。被験者はその数字を答えなければなりません。凶器条件と中性条件において、数字の示される位置が凝視点から離れるにしたがって、その回答の正確さがどのように変化するかを調べました。結果について統計的にデータを整理し、正答率が50％となる凝視点からの距離（角度）を求めました。これを有効視野の大きさと考えました。この結果を**図4-10**に示しています。

この結果からわかりますように、凶器条件で正答率が50％となるのは、凝視点から6度ほど離れた位置に数字が現れるときであり、中性条件の約7度よりも小さくなります。このことは、凶器の登場によって、有効視野が狭くなることを示しています。

凶器条件と中性条件で、凶器もしくは中性刺激を凝視する時間を調べたところ、見つめる時間には差が認められませんでした。また、二つの条件でスライドを見る前と後とで、気分チェックリストを用いて、気分（緊張覚醒、エネルギー覚醒）の変化を見たところ、二つの条件の間で差は認められませんでした。

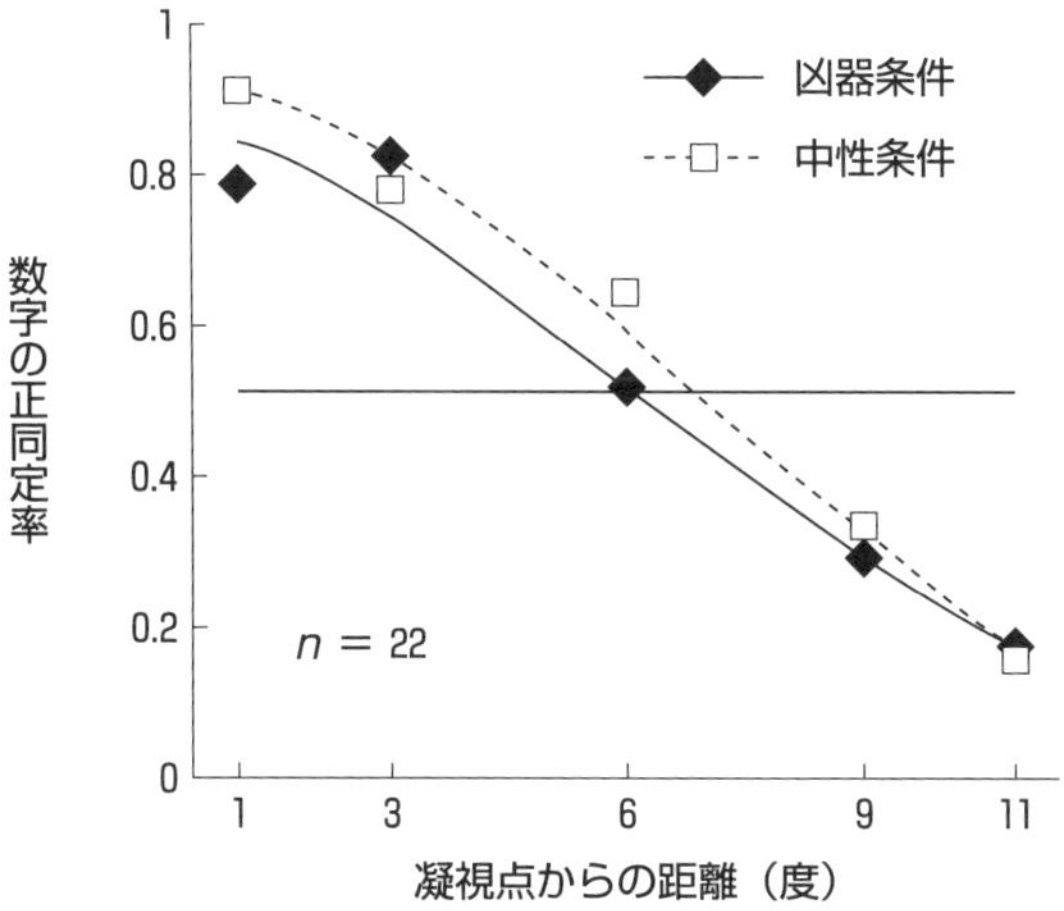

図4-10　凝視点から数字が提示される位置までの距離と，数字を正しく認識できる率（正同定率）との関係[2]

「ありえそうなこと」と「事実」は違う

今述べた実験の結果をまとめますと、スライドを見る前後で気分（特に緊張覚醒）も変化せず、とりわけ凶器のみに注目するわけではないのに、凶器が登場する場面を含むスライドを見るときでは周辺にあるものを正確に認識できなくなるという、いわゆる「凶器注目効果」が起こります。このとき、凶器条件では有効視野のみが狭まっているのが認められています。このことは「凶器注目効果」が必ずしも凶器への注目によって起こるのではなく、有効視野が狭くなることが原因であることを示しています。

「凶器へ注目し、そこに目が釘付けになり、服装や人物の顔などは見ない」と言うと、確かにわかりやすいので、凶器注目効果を誰でも信じてしまうのでしょう。しかし、事実はそうではありません。凶器をより長く注視することもなく、またストレスを感じることがなくても、いわゆる凶器注目効果（凶器の出現のために周辺にあるものを正確に認識できなくなる現象）は生じるのです。

4 後からの情報は記憶を変えてしまうのか？

凶器注目効果と同じく、目撃記憶の研究でよく知られた現象が「事後情報効果」です。事後情報効果とは、事件などの出来事を目撃した後、その出来事に関係する誤った情報に接すると、もとの記憶の正確さが損なわれる現象を言います。この説明には、ロフタス[5]にならって、事後の情報がもとの記憶を変化させてしまうという、変容説が有名です。多くの教科書でもこの立場の説明を行っています。しかし、事後情報効果についての説明として、他に次のような説があります[8]。

①「**接触可能説**」後からの情報によってもとの記憶が変容するわけではなく、事後の情報に関する記憶が、もとの記憶へアプローチするのを難しくしてしまうだけである

②「**反応バイアス説**」実験をする側が自分に何を求めているかを察知し、それに応えるために、必ずしも事後の情報が正しいと信じていなくても、「おそらくその情報が正しいのだろう」と推測して反応してしまう

③「**情報源誤帰属説**」もとの記憶と後からの情報の記憶は、別々の時期に得られたものであり、それぞれ情報源は異なるはずなのに、それを混同してしまい、事後情報の情報源を誤って「もとの出来事であった」としてしまう

最近では、変容説を合わせて計四つの説のいずれが正しいか、さまざまな条件のもとで検証がなされていますが、変容説は分が悪いようです。たとえば「事後の情報には、記憶テストの正解となるものはいっさい含ま

れていない」という教示とともに、事後情報の中に「一見して嘘とわかる情報」を含めて与えると、そのような情報を与えない場合に比べ、より正確に情報源を認識できるようになり、事後情報効果は起こらないという結果も得られています。(8) このような事実は、事後の情報の質も影響している可能性があり、事後情報によってもとの記憶が変容してしまうという変容説ですべてを説明することはできません。

にもかかわらず、今でも、認知心理学や目撃記憶に関するテキストでは、変容説がまかり通っています。

5　最後に

凶器注目効果は、認知心理学ではよく知られた現象ですが、こうした現象も批判の目をもって検証がなされなければ、第2章で取り上げられた、今なお信じられている「オオカミに育てられた少女」の神話と同じような道筋を辿りかねません。

本章では、「凶器に注目する」「記憶は変容する」といった、私たちの常識に合う話を無批判に取り入れて信じてしまう傾向があること、しかし厳密に検証するとそれは見かけ上の現象であり、真の原因は他にあることを指摘しました。

私たちは情報に向き合うとき、「大勢が言っていることだから」とか、「なるほど理にかなっている」という理由から、安易に信じ込む傾向があります。一見もっともそうなことでも疑うことから始めなければなりません。とりわけ心理学の話は、常識とかぶりやすく、常識の枠組みから、真偽を安易に判断する傾向があるからです。

謝辞

本稿はこれまでに行ってきた共同研究の結果を分かりやすく紹介したものです。共同研究者の、大上渉氏、黒木大一朗氏、二瀬由理氏、野畑友恵氏、原田祐規氏、ほか関係者各位に感謝します。

推薦図書

渡部保夫監修、一瀬敬一郎・厳島行雄・仲真紀子・浜田寿美男編著（二〇〇一）『目撃証言の研究――法と心理学の架け橋をもとめて』北大路書房

目撃証言について、法と心理学の両方の立場からアプローチした本です。本書の前半で心理学のアプローチ、後半で法学からのアプローチについて書かれています。心理学のアプローチに関しては、目撃証言に及ぼすさまざまな心理学的要因が取り上げられ、詳しく説明されています。本章で取り上げた「凶器注目効果」についても２００１年までの主要な発見と理論が詳細に述べられています。

第5章 災害時、人は何を思い、どう行動するのか

——パニック神話を検証する

【邑本俊亮】

1 はじめに

日本は災害大国です。いつどこでどんな災害が起こっても不思議はありません。２０１１年の東日本大震災以降も、２０１４年の御岳山噴火で58人が命を落としました。２０１６年には熊本や鳥取で地震が起きて、非常に大きな被害が出ました。台風・豪雨による河川の氾濫や洪水、土砂災害も毎年のように起きています。このような災害大国に住んでいながら、私たちは災害のことをどれだけ理解できているのでしょうか。また、災害に対してどれだけ万全な備えができているのでしょうか。多くの人は、災害がわが身に降りかかるとは思っていないでしょう。災害のニュースが報道されても、それを他人事のようにしか感じていないのかもしれません。

災害には、自然現象によって起こる自然災害と、事故や火災など人間のからんだ災害がありますが、この章では主として自然災害を念頭に置きながら話を進めます。自然災害には、地震、津波、台風、洪水、大雪、火山の噴火、土砂災害などなど、さまざまな種類があります。ですが、どのような災害であっても、それが起き

たときに人間の心理や行動に大きく影響するのが、被災までに時間的な余裕があるかないかでしょう。津波や洪水、土砂災害などは、あらかじめ被災が予測されるケースが多く、避難情報が出されます。つまり、「その瞬間」までの時間的な余裕があります。一方、地震の場合は、突然発生し、間もなく被災します。揺れの直前に緊急地震速報が出される場合も多いですが、「その瞬間」までの時間的な余裕はあまりありません。このような、被災までの時間的な余裕やその時間の移り変わりによって、人間の心理が変化し、判断や行動が影響を受けると考えられるわけです。

ところで、「災害」とは人間や人間社会を前提としたことばです。人間がいるから災害になります。もし、人間がまったく住んでいないところで洪水が起きたとしても、それは災害にはなりません。単なる自然現象です。これを「ハザード」と呼び、災害である「ディザスター」とは区別します。災害が人間の存在を前提としている以上、災害は心理学が積極的に関わるべき対象です。心理学者が災害の研究をするのは決して奇妙なことではありません。

この章では、災害と人間の心との関係を認知心理学の視点から論じます。まず、災害において人はパニックになるのかどうかを検討します。次に、災害が予想されるときにどのような心理がはたらくのかについて解説します。その後、危険スイッチが入る瞬間と、緊急時に見られる心理や行動の性質を整理し、最後に、災害に対して私たちが今後のためにできることを考えます。

2 パニック神話

みなさんは、「パニック」ということばからどんな状態をイメージされますか。「大勢の人々が、異常な恐怖のあまり理性を失い、半狂乱になって他者を押しのけたり蹴落としたりしながら、ある場所に突進していき、多くの犠牲者が出る」といったイメージでしょうか。しかしその一方で，日常会話ではパニックという言葉を，「あのときは本当にパニクったよ！」のように比較的軽い調子で使うこともあるでしょう。ひとことでパニックと言っても，その使い方には大きな違いがあるので気をつける必要がありそうです。群集レベルか個人レベルかという違いに加え，行動レベルか心理レベルかといった違いもありますね。

パニックの語源は，ギリシャ神話に登場する半獣神パーン（Pan）の名前にあると言われています。パーンは山羊の角，山羊の足をもつ神で，陽気で活動的なのですが，怒りっぽい面があります。とくに昼寝を邪魔されたときには立腹して，人間や動物に恐怖をもたらしたそうです。ゼウスがクロノスやティターン族と戦ったときも，ほら貝を吹き，ゼウスの敵をひどくおびえさせました。また，紀元前490年のマラトンの戦いで，ペルシア人たちがパニック状態で逃走し，アテナイ人たちが勝利をおさめることができたのは，パーンの力によるものだとされているようです[3]。

こうしたお話から考えると，パニックは「複数の人々の間に突然生じる恐怖の感情と混乱」，つまり「群集が心理や行動のレベルで混乱している状態」を指すように思われます。これまでの研究でも，そのような観点でパニックをとらえているものが多いです[9]。

では，災害のときにパニックは生じやすいのでしょうか。たとえば，人々が生命の危機に直面し，全員がそれを認識していて，閉ざされた空間におり，時間的な余裕がなく，逃げられる可能性は1カ所の出口のみ，というような状況を想像してみましょう。確かに，このようなせっぱつまった状況では，人間はわれ先にと行動する可能性があるでしょう。つまり，条件次第ではパニックが生じる可能性は否定できません。しかしながら，そのような特異な状況でなければ，パニックが起こることは実はきわめてまれなのです。むしろ，人間は災害のときにも冷静に行動するという例が多く報告されています。そして避難行動は，そのときの人間関係や社会的役割にそって，行われることが多いようです。たとえば，私たちは家族や友人を置き去りにはしません。むしろ助け合って行動するものです。また、社会的に多少の混乱が起きても限られた場所での出来事にとどまり、時間的にも長くは続かないことがほとんどです[10]。ましてや「理性を失い、反社会的な行動に走る」といったことはほとんどないと言えるでしょう。それにもかかわらず、比較的多くの人が、災害のときにはそうしたパニックが発生する可能性があると思っているようです。この誤った考え方は「パニック神話」と呼ばれています。

なぜパニック神話がつくり上げられてしまったのでしょうか。まず、第一の要因は、災害などの緊急時に人間がとる行動の典型が、大勢の人々がわれ先にと逃げたり、何かに向かって突進したりする行動であるということです。パニック映画などは、まさにそのような場面と人間の行動を描いているものが多いですね。しかし、現実の災害の場面では、災害の種類もいろいろですし、そのフェーズ（災害の発生が予想される段階、災害の発生直後、緊急対応がなされる時期、復旧・復興の時期など）もさまざまです。しかし私たちは「災害発生、緊急事態」と聞いただけで、その際の人間の行動に関して典型例を思い描いてしまいます。第二の要因は、何かに向かって必死に走っている人々の心は、気持ちが高ぶっている状態だと想像されやすいということです。そのような行動を外から見ていると、人々が興奮しているように思えてしまいます。ある人がなぜそのように行動するのか、その理由を考えるときに、状況よりも内面へ原因を求める傾向がある（「第1章」参照）ことが背景にあるのかもしれません。つまり、ある行動をとっている人は、そのような性格上の特徴をもっているか、心がそのような行動をとらせる状態にある、と判断してしまうわけです。そして、第三の要因として、群集行動で死者やけが人が出るニュースがメディアでしばしば取り上げられるため、たとえそれが災害による群集の行動でなくとも、「群集行動は危険だ」という思い込みが私たちに植えつけられてしまっていることが考えられます。そして、結果的に三つの要因がひとつに混ざり合って「災害のときには群集のパニックが起こりやすく、危険である」というような神話が生まれてしまったのかもしれません。

災害のときに「群集のパニック」が起きることはまれです。パニック神話を信じ込むあまり、勘違いをしたり判断を誤ったりしないようにしたいものです。とりわけ災害情報を発信する側は、パニックを心配して情報発信をためらうことがあってはなりません。パニック神話によって、緊急時に人々に正確な情報が伝わらないことのほうこそ、避難の遅れにつながり、はるかに問題が大きいのです。

その一方で、「個人レベルでの心理的な動揺としてのパニック」は、災害のときに引き起こされる可能性があります。したがって、私たちが注意しなければならないのは、これらを混同せずにパニックということばを使用し、理解するということです。そして「パニック神話」に対しても、単にそれは神話だとかそうでないとか一方向的に結論づけることよりも、物事を冷静な目でクリティカルにとらえ、真実を見抜く心を養うことのほうが大切なのではないでしょうか。

3　災害のとき、人は何を思うのか

災害時に人々は必ずしもパニックにはならないことを述べてきました。では、どのような心理状態が生じるのでしょうか。まずは、東日本大震災の体験談を集めた2冊の書籍[8][11]の中で述べられている、被災者の「語り」の中から、地震直後の認識がどのようであったかについて、いくつか抜粋してみましょう。

「お客様が帰った後、散乱した物を片付けていると消防団の車のマイクから『5メートルから10メートルの津波が来ます』と広報していました。私達はそれを聞いても全然緊迫感がなく……」（『3・11慟哭の記録』90頁）

「ちょうど一年前、津波警報が出されお店を一時閉め避難したが、津波は来なかった。その事から、海が

近いとはいえここまでは来ないだろうという油断が私の中にあった」(『3・11慟哭の記録』194頁)

「土手から海を眺めていた。空はどんよりとしていたが、雨や雪は降っていなかった。少し離れたところで、消防団の人たちも海を見ていた。『避難しろ』と言われたが、ごめんなさい。結局私は、小さな波が川を逆流するのを確認できた15時50分まで、そこにいた」(『3・11慟哭の記録』219頁)

「父親の代から住んでいるが、今まで、自分の家まで津波が押し寄せてくることがなかったので、3メートル程度の津波なら防波堤で十分防げると思い、妻と一緒に地震で位置がずれた家具等を元の位置に戻していた」(『3・11慟哭の記録』249頁)

「3メートル位であれば、床上浸水くらいかな？という、安易な考えも少しありました」(『3・11慟哭の記録』259-260頁)

「おじいさんからチリ地震や三陸地震の津波の話を聞いたこともありましたが、来てもせいぜい2〜3メートルで、ゆっくり来るんだっていうことでした」(『証言記録 東日本大震災』185-186頁)

「地震直後、『女川は大丈夫だろう』と勝手に思っていたんです。まさかうちの工場や自分にこうした災害が降りかかると思ってなかったんですね」(『証言記録 東日本大震災』207頁)

「家に戻ると、妻が一生懸命後片付けをしているんです。帰ってくるときは『さあ、逃げるぞ』というつ

表5-1 東日本大震災以前の津波警報発令時の避難率と災害情報認知率[2]

	十勝沖地震（2003）	千島列島東方の地震（2006）	千島列島東方の地震（2007）	チリ中部沿岸の地震（2010）
避難率	55.8％	46.7％	31.8％	37.5％
津波警報を見聞きした割合	86.8％	82.2％	81.2％	98.4％
避難指示等を見聞きした割合	81.0％	78.3％	65.3％	84.9％

もりだったのですが、片付けている妻を見て、『あれ、津波は大丈夫なのかな？』と、津波の心配は横に置いて手伝いはじめたんですよね」（『証言記録 東日本大震災』２１９頁）

「これまでも大きな地震でいろいろなところが津波の被害を受けたけれど、私のところあたりは津波による大きな被害を受けたというような覚えはないんですね。だから、そんな大きな津波は来ないんじゃないか、そんな思いでした」（『証言記録 東日本大震災』２５０頁）

どうやら私たちは、物事を自分に都合が良いように歪めて認知する傾向があるようです。異常な揺れがあったにもかかわらず、津波のことを心配しなかったり、津波警報や避難指示が出されてもそれを過小評価したり無視したりするようです。

こうした傾向は東日本大震災に限ったことではありません。**表5-1**は、東日本大震災前の、十勝沖地震（２００３年）、千島列島東方の地震（２００６年、２００７年）およびチリ中部沿岸の地震（２０１０年）の際に、津波警報が発表された地域で避難した住民の割合（避難率）と、津波警報・避難指示を見聞きした割合を示したものです。[2] 避難率はいずれの場合も決して高いとは言えません。

表5-2　津波警報発令時に避難しなかった理由（東日本大震災以前）[2]

年		2003	2006	2007	2010
地震名		十勝沖地震	千島列島東方の地震	千島列島東方の地震	チリ中部沿岸の地震
避難率		55.8%	46.7%	31.8%	37.5%
避難しなかった理由（複数回答，上位3つ）	①	その時いた場所が危険とは思わなかった（59.6%）	その時いた場所が危険とは思わなかった（54.0%）	その時いた場所が危険とは思わなかった（43.4%）	高台など，津波により浸水するおそれのない地域にいると思った（52.7%）
	②	防波堤や防潮堤を超えるような大きな津波は来ないと思った（21.4%）	防波堤や防潮堤を超えるような大きな津波は来ないと思った（36.8%）	2006年に津波警報が出たが，たいした津波が起きなかったので（34.5%）	先に他の地域に到達した津波があまり大きくなかったため（19.2%）
	③	釧路などで来襲した津波の高さが2m程度という放送を聞いたので（20.0%）	根室などで来襲した津波の高さが0.4m程度という放送を聞いたので（29.9%）	防波堤や防潮堤を超えるような大きな津波は来ないと思った（21.2%）	大津波警報（3m）だったが，3mより小さい津波しか来ないと思った（16.5%）

では、住民が津波警報や避難指示の情報を知らなかったのかといえば、そうではないことがわかります。すなわち、避難情報は届いているのです。それにもかかわらず、住民はあまり避難していないのです。**表5-2**は、避難しなかった理由の上から三位までを順に示したものです。避難しなかった理由の上位にあげられているものには共通性があり、すべてのケースで「自分のいた場所が危険だとは思わなかった」ことが第一位となっています。もちろん、なかには津波が届かないような高台にいた人もいるでしょう。しかし、浸水の恐れのある場所にいた人もきっといるはずです。それにもかかわらず、あまり危険を感じていないのです。また、「防波堤や防潮堤を越えるような津波は来ないと思った」という回答や「他の地域での津波の高さを聞いて」安心してしまったという回答が目立ちます。さらに、2007年の千島列島東方の地震

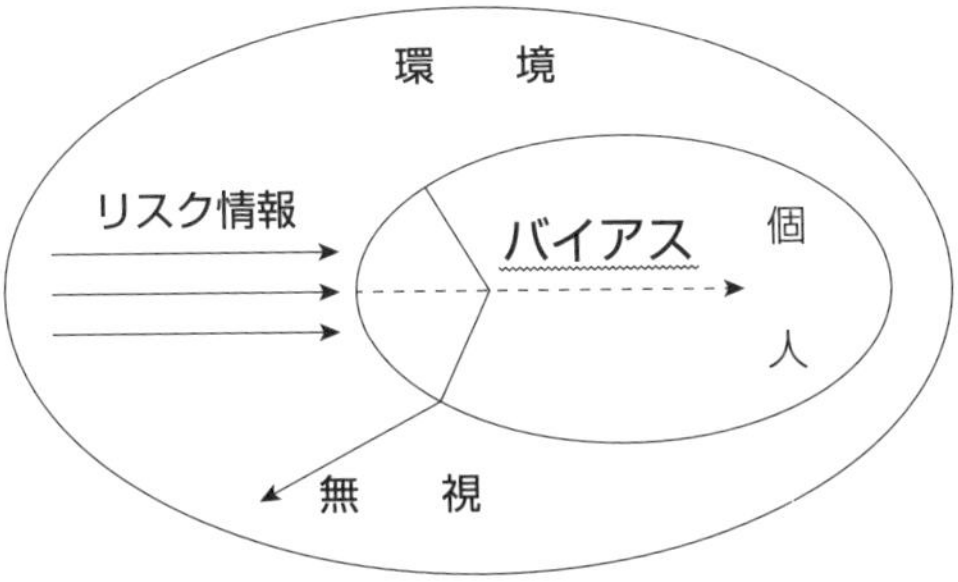

図5-1　リスク受容の概念図[12]

では、第二位にあげられている理由を見ると、前年の経験（警報が出たが、たいした津波は来なかった）が避難行動を妨げてしまったことがわかります。２０１０年に起きたチリ中部沿岸の地震の際、第三位となった理由は、警報の内容に対する明らかな過小評価です。

人間がリスクに関する情報を受け取る際の、概念図を**図5-1**に示しました[12]。私たちは自分に届くリスク情報をそのままのかたちで受け止めるわけではありません。自分にとって都合の良いようにバイアスをかけて受け止めます。場合によっては、情報そのものを無視することもあります。その結果、多くの場合、リスク情報が過小評価され、すばやく避難するといった行動が起きにくくなるのです。

以下では、災害が起きたときに特有のバイアスについて、整理してまとめておきましょう。

「これくらいはふつうだ」の心理

私たちは、少々変わったことが起きてもそれを異常だとは思わない傾向があります。これくらいはふつうの範囲内だと思いたいのです。これを「正常性バイアス」（または「正常化の偏見」）と呼びます。

今、あなたが学校の教室にいるとして、突然、火災報知器が鳴り出したと仮定してください。あなたはどうしますか。すぐに避難のための行動を起こすでしょうか。「何かの間違いでは」とか「検査でもしているのだろう」などと思い、避難という行動をとらない人が多いのではないでしょうか。火災報知機が鳴ったという事実を非常事態ととらえずに、「ふだんの生活の範囲内での出来事だ」と、バイアスをかけてとらえる傾向があるのです。

災害の場面では、この正常性バイアスが働いてしまい、警報や避難指示などの情報を軽視して、その結果、避難のための行動が遅れてしまうケースがしばしば生じます。

「自分だけは大丈夫」の心理

私たちは自分自身の将来に楽観的なところがあります。災害が降りかかってくる恐れがあるときにも、決して自分が被災するとは思わないのです。たとえ他の人や他の地域が被災したとしても、なぜか自分だけは大丈夫と思っているのです。これを「楽観主義バイアス」と呼びます。

被災後によく耳にするセリフがあります。「まさか自分のところが被害にあうとは思わなかった」という言葉です。これは楽観主義バイアスを典型的に表した言葉ですね。

なお最近では、災害において被災するリスクを過小評価しがちな傾向の全般を、この楽観主義バイアスも含めて、広く「正常性バイアス」と呼ぶことが多くなってきました。

「前回大丈夫だったから」の心理

いったん大丈夫だと思ってしまうと、私たちは自分の考えをサポートしてくれる証拠を探そうとします。そして、自分の考えとは異なる証拠は無視しがちになります。これは「確証バイアス」と呼ばれています。

たとえば、「前回、警報が出たけれど、たいしたことはなかった。だから今回も大丈夫に違いない」というように、自分の記憶の中で比較的新しいケースを思い出し、それを用いて判断しようとする場合があります。このような、記憶の中で目立ちやすい情報を利用して判断する思考パターンは、「利用可能性ヒューリスティック」と呼ばれています。

また、警報の空振りが続いていると警報に対する信頼性自体が落ちてしまって、その事実から「警報はあてにならないから大丈夫」と思ってしまうこともあるでしょう。これは「オオカミ少年効果」と呼ばれています。

さらに、「昔からこの地域には津波は来ないと言われている」というような言い伝えを思い出したり、「あの防潮堤があるから」とか「ハザードマップによれば、この地域は浸水危険区域でないから」といった、自分以外のモノ（ハードウェアや情報）に頼りきってしまったりして、「大丈夫だ」という考えをさらに強める傾向が生じるのです。

「みんなと一緒に」の心理

物事について判断する際に、自分ではどうすべきかわからないことがあります。そんなとき、私たちはしばしば周囲にいる他人に合わせようとすることがあります。自分自身で判断できないために、他人の様子を見て、それを自分が判断するうえでの基準として採り込み、結果的に他の人と合わせた行動をとるわけです。周囲の人の数が多いとき、その傾向は強まります。こうした現象は「集団同調性バイアス」と呼ばれています。

「近所の人が避難しないから自分も避難しない」とか、避難所へ避難した後で「他の人が家に戻るなら自分も戻る」とか、人間は他者に合わせて行動したがります。しかし、その判断や行動が悲劇を生むこともあるわけです。

こうやって見てくると、人間はなぜバイアスをかけて認知してしまうのか不思議に思われるかもしれません。「認知バイアスなんてなければよいのに」と思った人もいるかもしれません。しかし認知バイアスは、ふだんの生活の中では私たちの心に安定をもたらしてくれる重要な役割を果たしているのです。たとえば、正常性バイアスがなければ、私たちは日常のわずかな異変をいちいち気にかけて、おびえていなければなりません。また、楽観主義バイアスがなければ「自分はきっとひどい目にあう、不幸になる」と暗い気持ちで生活をし続けなければなりません。ですから、ふだんの生活において認知バイアスは決して悪者ではないのです。ところが、災害のときにはそれがかえってあだとなり、避難の遅れにつながってしまうのです。

4　危険スイッチが入るとき

被災する可能性を過小評価していた人であっても、本当に危険が目の前に迫ってきたときには、頭の中のスイッチが「日常」から「非日常」へと切り替わります。では、何がスイッチを切り替えてくれるのでしょうか。再び、東日本大震災の証言から考えてみましょう。

「その一人の職員に、早く避難するように注意されました。しかし片付けがなかなか進まず、すぐに避難できる状態になかったので片付けを続けていると『片付けはいいから、命が大事だから！』と口調が強くなり、私達もそれから避難準備を始めたのです」（『3・11慟哭の記録』90頁）

「線路から見える渋滞の車が水に浸かり始めているのを見た時は本当に驚いて、同時に恐怖も感じた」（『3・11慟哭の記録』107頁）

「むしろすごい速さで水位が上がっていく。やばいと思った。『ドア開けて‼』大声で叫んだ」（『3・11慟哭の記録』187頁）

「すると隣の会社（フクダ電子）から何か叫ぶ声が聞こえた。逃げろ！　逃げろ！『津波が来た』『津波だ』と……。後ろを振り向くとチョロチョロと津波の第一波が押し寄せてきた。ワァ〜‼　本当だ！」（『3・11慟哭の記録』191頁）

「違う方向にある窓を見ると、すでに江岸寺の2階よりも高い真っ黒い津波が来ていたんです。それを見て本堂のほうに走りました」（『証言記録　東日本大震災』60頁）

「知り合いの須田勘太郎さんが来て『早く逃げなきゃだめなんだから』と言われて、慌てて避難したんです」（『証言記録　東日本大震災』202頁）

環境における明らかな異変は危険スイッチを押してくれます。「目の前に真っ黒な津波が見えた」「扉を開けると水が入ってきた」のように、異変を目の当たりにすると、危険だと判断せざるをえなくなります。しかしながら、そうなったときには手遅れになっている場合も少なくありません。

他の人からの声がけによってスイッチが入った人もいます。「命が大事」「逃げなきゃだめだ」など、身の危険を感じさせ、行動に移させてくれる強い言葉がきっかけとなっています。いざというときに、どんな人が声をかけてくれるかがカギになるということです。やはり、家族、隣近所、町内会など、日ごろからの人間同士の絆は大切です。

一方で、声をかける側にとっては、その声がけの仕方に気を配る必要があるようです。危険を感じていない人に対しては、現在の状況が平常とは異なる緊急事態であることがはっきりと伝わるように、表現や口調などを工夫しなければなりません。東日本大震災の際に、茨城県大洗町では、防災行政無線放送で「緊急避難命令、緊急避難命令」「大至急、高台に避難せよ」といった命令調の呼びかけが用いられました。緊迫感のある放送をするためにはそのような言い方が効果的と考えた町長の判断だったそうです。それによって住民たちは「初めて聞く放送だ。ただ事ではない」「きわどい放送だ。ふつうではない」と感じて、高台に避難したとのことです。[6]

しかし、こうした工夫をマニュアル化することに関しては慎重に検討するべきかもしれません。２０１２年12月７日の夕方に、東北地方で強い地震が発生し、宮城県沿岸に津波警報が出されました。その際、ＮＨＫの男性アナウンサーが放送中に、「東日本大震災を思い出してください」「命を守るために急いで逃げてください」「あと10分ほどです」「可能なかぎり高いところに逃げてください」などと繰り返し強い口調で避難を呼びかけました。ＮＨＫは、東日本大震災の教訓から、２０１１年11月より津波警報が出たときの呼びかけ表現を大幅に見直し、大震災の生々しい記憶を呼び起こすような表現を取り入れて訓練を重ねてきたとのことですが、[1] 視聴者からの反発もあったようです。とくに「東日本大震災を思い出してください」は被災者に対する配慮に欠けるのではないかという指摘があったようです。視聴者に緊急事態であることを伝えたいという意図や方針は間違っていませんが、呼びかけ表現はマニュアル化すべきものではなく、時期や状況や相手に応じてふさわしい言い方を選択する必要があるような気がします。

5 緊急時の心理と行動

危険だと感じたとき、いうまでもなく、私たちは恐怖を感じます。また、津波から避難するときのように時間との戦いのような状況では、タイムプレッシャーによって焦りを感じます。被災を免れることを妨げる要因があるかどうかも重要です。逃げたくても逃げられない、出口が見えない、窮屈で動けないなど、いろいろな状況がありえますが、そうした要因が恐怖や焦りをいっそう強めてしまうでしょう。

一方、認知の面では、危険を感じ、気持ちが高ぶることによって注意の向く範囲が小さくなります。つまり、情報を処理できる範囲が狭くなるわけです。そして小さくなった範囲内で集中的に情報が処理されます[5]。このような状態ですから、注意が向いている範囲はよいのですが、それ以外の範囲において見落としが起きる危険性がありえます。シモンズとチャブリスが行った興味深い実験を紹介しましょう。実験では、白シャツチームと黒シャツチームがそれぞれバスケットボールをパスしているビデオ映像を実験の参加者に見せ、一方のチームのパスの回数をカウントさせました。ビデオ映像には、選手たちの間をすり抜けていく着ぐるみのゴリラが登場するのですが、実験に参加した人の多くがそれに気づかなかったのです[13]。パスの回数を数えようとボールに注意を集中していたために、見落としが生じたのです。ふつうであれば、明らかにおかしなゴリラの登場に気づくはずですが、それができなくなってしまったわけです。緊急のときには、注意の一点集中にともなう情報の見落としには気をつけたいものです。

そして、焦りやタイムプレッシャーによってじっくり考えることができなくなります。では、ここでちょっと試してみましょう。次の問題を読んでできるだけすばやく答えてください。「おもちゃのボールとバットを買うと、合計で１１００円です。バットのほうがボールよりも１０００円高いのですが、では、ボールはいくらでしょうか[4]」。どうでしょうか。１００円と答えた人はいませんか。よーく考えてください。正解は50円ですね。じっくりと時間をかけて慎重に考えれば正しい判断ができるにもかかわらず、そのような時間をかけられないとき、直感的に考えて適切でない判断をしてしまう可能性があるのです。つまり、タイムプレッシャーがあると、ふだんの冷静なときとは異なった判断や行動につながりやすいのです。行動面でいえば、ふだんからやり慣れた、ほとんど意識せず行える行動は起きやすいのですが、柔軟な判断のもとで機転のきいた行動をとるのは難しいということです。

ふだんの冷静な行動がとれなくなる例として、１９７６年12月の静岡県沼津市で起きたサロン「らくらく酒場」の火災をあげておきましょう。火災現場である酒場から外に出るための非常口付近で、15人の人が重なり合うように亡くなりました。非常口のブリキのドアを押し続けたようなのですが、ドアは内開きだったのです。押してダメなら引いてみる、ふだんの冷静なときならそれができるのですが、緊急のときにはそれができなくなるという例のひとつです。[16]

私たちが危険から身を守る行動や、ただ単に危険な対象から逃れようとする逃避行動は、ほとんど自動化されているといえるでしょう。しかし、自動化されているがゆえに逆効果になる場合もあります。たとえば、津波から逃れる際に、ふだんから移動の際に車を使っている人は、避難の手段として車を利用してしまう可能性があります。津波からの避難は徒歩が原則です。みんなが車を利用した場合に渋滞が発生してしまうからです。しかし、早く遠くまで逃げることしか頭に浮かばないと、たとえ「津波からの避難は徒歩が原則」という知識をもっていても、つい「車を利用する」という自動化された行動パターンをとってしまう危険性があります。さまざまな状況を想定して、訓練をし、誤った行動が起きにくくなるように体の準備をしておく必要があります。

ところで、災害のときの心理として「みんなと一緒に」の心理（集団同調性バイアス）を説明しましたが、そのバイアスが有効にはたらく可能性もあります。みなさんは、「釜石の奇跡」と呼ばれているエピソードをご存知でしょうか。岩手県釜石市で、当時、群馬大学の片田敏孝教授の指導による防災教育を受けてきた小中学生のほぼ全員が、東日本大震災の際に津波の難を逃れたという事実のことです。鵜住居(うのすまい)地区にある釜石東中学校の生徒たちは、地震後、「津波が来るぞ」と叫びながら指定されていた避難所へ、さらにその先の

表5-3　地震後すぐに避難しなかった理由（東日本大震災）（多い順）[2]

●自宅に戻ったから	22%
●家族を探しにいったり，迎えにいったりしたから	21%
●家族の安否を確認していたから	13%
●過去の地震でも津波が来なかったから	11%
●地震で散乱した物の片付けをしていたから	10%

高台へと走ったそうです。いつも一緒に避難訓練を重ねていた鵜住居小学校の児童たちも、中学生の後に続いたそうです。そして、子どもたちが避難する様子を見て地域の住民までも避難行動をとったということです。[7]中学生たちの率先した行動を見て、小学生も地域の大人も同じ行動をとり、多くの命が救われたわけです。

一方、緊急のときには、避難のための行動だけでなく、「他者のための行動」も現れることがわかっています。つまり、同じ危険な場にいる他の人のために、自分の命の危険を感じながらも必死に他人の命を救おうとする行動です。東日本大震災の際には、津波が襲いかかる瞬間まで、地域住民のために避難の誘導を続けた人が多数いたようです。しかし、その行為によって複数の人が命を落としたこともわかっています。

災害のときに最も気になる「他者」は自分の家族でしょう。家族は特別の存在です。ほとんどの人が家族と連絡をとろうとするでしょうし、なかには自分の身の危険を顧みず、家族を探しに行くという人もいるでしょう。**表5-3**は、東日本大震災後に、岩手・宮城・福島の3県の沿岸地域の被災者に対して、内閣府・消防庁・気象庁が共同して行った調査の結果で、[2]すぐに避難しなかった理由を多い順に五つ示したものです。自宅に戻る、家族を探しに行く・迎えに行く、家族の安否を確認するというように、家族に関する理由が上位を占めています。やはり家族が気がかりな人が多かったことがよくわかります。

こうしたことに関連して、「津波てんでんこ」という言葉についてお話ししておきましょう。「津波てんでんこ」とは、津波が来そうなときには、家族のことは気にせずに、てんでばらばらに高台に逃げなさいという教えです。これは、家族を見捨てて逃げよという意味ではありません。家族を案じて逃げ遅れたり危険な行動をとったりせず、それぞれが個別に迅速に避難しなさいという意味です。災害のときには家族のことがどうしても気になってしまうため、それによって避難が遅れないようにするための言葉なのです。

6 今後のためにできること——知ること・育むこと・忘れないこと

知ること

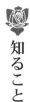

日本では災害が頻繁に起こっているにもかかわらず、私たちの災害に関する知識は必ずしも十分とは言えません。災害が起こった後に、報道などでその災害発生のメカニズムなどを初めて知ることもあります。また、誤った知識をもっている場合もあります（たとえば「津波は常に引き波が先に来る」は誤った知識です）。

私たちはもっと災害に関する知識を身につけておくべきです。災害の種類、発生メカニズム、過去の被害の例などはもちろん、災害情報のことや、被災後の社会や経済の状況、被災者に対する医療、被災者支援のあり方、復旧・復興のあり方などなど、災害に関連する知識は限りなく幅広く存在します。こうした知識を体系的に学べる場が必要ですが、現在は必ずしもそれが可能ではありません。

心理学者としては、そうした災害に関する知識のひとつとして、先に述べたような災害に対する人間の心理や行動の特徴を、多くの人に知っておいてほしいと思っています。認知バイアスがあることを知っていれば、災害の際に陥りがちな楽観的な気持ちを振り払って、適切な判断、迅速な行動を行うことができるでしょう。そもそも私たちは、自分は他人よりも認知バイアスがないという思い込みを抱いています。これは「バイアスの盲点」と呼ばれていますが、まずはこのバイアスの盲点そのものを克服する必要があるかもしれません。

また、災害のときに家族が気になってしまうことや、家族のための行動が生じやすいことを心に留めておいてほしいです。そして、危険を冒してまでそのような行動を起こさないように、あらかじめ家族内で話し合いをしてほしいのです。災害が起きたらそれぞれがどう動くか、どこにいてどんな災害だったらどうするか、など、家族会議をしておきましょう。そうすることで、家族全員が自分の命を自分で守れるはずです。

育むこと

災害に備えてどんな能力や知力をつけておく必要があるでしょうか。このテーマで、ある高校の生徒35名に自由作文をしてもらいました。その際に比較的多かった答えは、「知識」と「判断力」でした。「知識」の種類としては、災害に関する知識だけでなく、地域の特徴についての知識もあげられました。また、「落ち着いて対処・行動する力」といった、感情や精神的な面にふれた回答も複数ありました。少数意見としては「体力」「コミュニケーション力」「情報発信力」「協力し、助け合う力」「何かがなくても対処できる能力」「生活用品を工夫して使う力」「リーダーシップ」などがありました。いずれも高校生らしい素晴らしい意見だと思います。

私たちの研究チームでは、災害を生き抜くにはどのような力が必要かを解明することを目的として、一連の研究を行いました。まず、東日本大震災の被災者78名に対して、震災のときに危機を回避した、あるいは困難を克服した経験と、それができた理由について、インタビュー調査を行いました[14]。次に、その調査の結果に基づいて質問紙調査票をつくり、それを宮城県内の被災者に答えてもらいました。そして、得られた１４１２人

表5-4　災害時の８つの生きる力[15]

	名　称	説　明
1	人をまとめる力（リーダーシップ）	人を集めてまとめる態度や習慣
2	問題に対応する力（問題解決）	問題に方略的に取り組む態度や習慣
3	人を思いやる力（愛他性）	他者を気にかけたり助けたりする性格特性
4	信念を貫く力（頑固さ）	自分自身の願望や信念を貫く性格特性や態度や習慣
5	きちんと生活する力（エチケット）	日常行動において社会規範に従う態度や習慣
6	気持ちを整える力（感情制御）	困難な状況や緊迫した場面で気持ちを整えるための努力をする態度や習慣
7	人生を意味づける力（自己超越）	精神的な視点からの自分の人生の意味の自覚
8	生活を充実させる力（能動的健康）	自分自身の身体的，精神的，知的状態を維持・向上させようとする日常的習慣

分の回答を統計的に分析したところ、**表5-4**に示す八つの「生きる力」を特定することができました[15]。

「人をまとめる力」「問題に対応する力」「人を思いやる力」は、かなり一般的でいろいろ広く使える力と言えるでしょう。学校教育の現場でも、それらの重要性が認められ、教育目標にも掲げられやすいものだと思います。先に述べた高校生の意見の中にも含まれています。「気持ちを整える力」と「信念を貫く力」は、感情に関わる力と位置づけることができるでしょう。私たち人間には感情が備わっていますが、災害を生き抜くために、それとどう付き合うか、折り合いをつけるのかが問われるのかもしれません。「きちんと生活する力」と「生活を充実させる力」は生活に関わる力です。ふだんの生活のあり様が、実は災害の場面でも効いてくるということですね。そして「人生を意味づける力」は、まさに自己を超越して物事を考えるといった，自身の生き方に関わる力です。

あなたには，それぞれの力がどのくらい備わっていますか。もちろんすべての力を完璧に身につける必要はありませんが，不十分だと感じる力については，ふだんから意識して，可能であれば今のうちに鍛える努力をしておくとよいかもしれません。

こうした知力を育む一方で，技能や動作の面での育みも必要です。つまり，防災訓練を何度も行うことです。訓練が有効であることは明らかですが，その効果についてここでは三つの点を指摘しておきましょう。第一に，訓練に参加することで，防災に対する参加者の意識が向上します。防災への意識が向上すれば，防災に関する情報に注意が向いたり，次回の防災訓練に参加する確率が上がったりします。第二に，現場の訓練で身につけた知識は，将来その場で思い出しやすいです。場所が思い出すための手がかりになるからです。第三に，体を動かすことで体が覚えている知識となります。認知心理学では，人間の知識を「言葉で言えるもの（宣言的知識）」と「体が覚えているもの（手続き的知識）」に分けて考えることが一般的です。いくら避難の仕方を言葉で言えても，体がスムーズに動かなければ意味がありません。体が覚えている知識にするためには，体を動かして何度も訓練しておくことが必要なのです。

忘れないこと

災害は忘れたころにやってきます。災害が起きた直後は，記憶の中に災害のことが強く焼きついています。しかし，人間の記憶は時間とともに徐々に薄れていきます。災害の記憶もまた，時間が経つと人々の心から薄れていくのです。残念ながら，それが私たち人間の記憶の性質です。

東日本大震災で大きな被害を受けた地区のひとつに，宮城県名取市の閖上（ゆりあげ）地区があります。閖上地区には小学校や中学校があり、当日、地震の後に多くの住民が学校へ避難しました。しかし、避難が遅れた７００人以上の住民が津波の犠牲となり、命を落としました。**図5-2**の写真Ａは震災から1年後の閖上中学校の写真です。時計の針は地震発生時刻の午後2時46分で止まったままでした（写真Ｂ）。現在、この校舎は解体されていますが、震災後3年あまりは被災したままの状態で残っていました。２０１２年４月に、校庭に慰霊碑が建てられ（写真Ｃ）、その隣には学校の机が2つ置かれていました（写真Ｄ）。机には生き残った生徒が犠牲になった生徒や住民へ向けて書いたメッセージが残されていました。２つのうち右側の机に書かれたメッセージをご覧ください（写真Ｅ、２０１２年10月撮影）。生き残った生徒からの大切なメッセージです。たいへん心を打たれます。ところが、このメッセージが２０１４年８月には写真Ｆのようになっていたのです。２年も経たないうちに、大切なメッセージがこんなに薄くなってしまっていたのです。私たちの記憶もこれと同じです。年月とともに徐々に薄れていくのです。しかし、震災の記憶を風化させてはなりません。

校舎の解体を機に、慰霊碑と机は、閖上地区の日和山付近にある津波復興祈念資料館「閖上の記憶」の脇に移転・設置されました（写真Ｇ）。そして、私が２０１６年６月に訪れた際には、メッセージが上書きされ、はっきりと読むことができました（写真Ｈ）。書いた人が、震災の事実や自分の気持ちを風化させたくない思いから、上書きしてくれているのだと思います。ありがたいことです。こうやって上書きを繰り返すことで、記憶の風化も防げるのだと思います。私たちにできるのは、ことあるたびに震災を語ること、そして私たち一人ひとりが心の中にある震災の記憶を上書きし続けることだと思っています。

災害の事実を伝えていくのは難しいことです。なぜなら、他の人から災害の話を聞いても、受け手はリアリティを感じられず、他人事と思ってしまうからです。どうやってリアリティを感じてもらうか、どうやって我がこととして受け止めてもらえるかがきわめて重要なのですが、それがなかなか難しいこともまた事実です。そこで読者のみなさんにお願いがあります。ぜひ被災地を訪れてください。被災地の現状を見て、現地を歩き

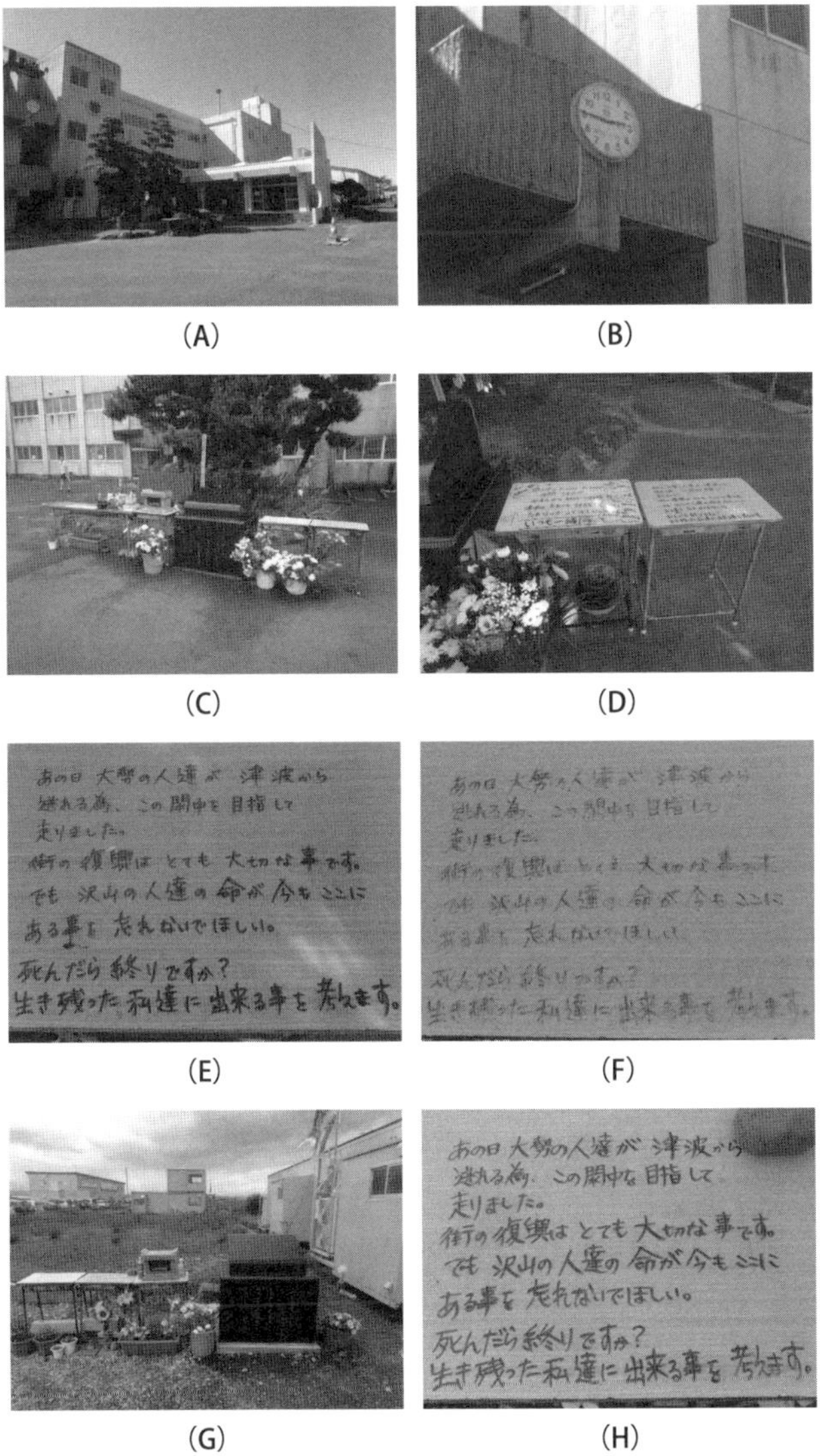

図5-2　被災後の名取市立閖上中学校と慰霊碑

ながら、その場の空気を肌で感じてください。そしてできれば、その風景の中で語り部さんの話を聞きながら、頭の中でその場に起こった災害の事実をシミュレートしてみてください。語り部さんの気持ちになって災害のストーリーに自身を移入させてみてください。きっとそれが強い記憶になるはずです。記録文書を読むよりも、震災の動画を見るよりも、ずっと深く記憶に残るはずです。

今、被災地は復興が進んでいます。それは地域にとってはとても重要なステップではあるのですが、その反面、震災の風景がなくなりつつあり、そのことによって災害の事実を伝えていく有効な方法のひとつが消えていくのは、少し残念なことでもあります。

推薦図書

釘原直樹（二〇一一）**『グループ・ダイナミックス——集団と群集の心理学』**有斐閣

パニックのみならず、群集行動や集合行動などの集団における人間の心理と行動全般について、そのさまざまな研究方法も含めて詳しく解説されています。群集行動や集合行動は日常的には生じにくいため、科学的な研究がなかなか容易ではありませんが、それに対する研究手法として、実験室実験、野外実験、質問紙調査、面接調査、アーカイブ分析など、多様なアプローチとその成果を知ることができます。

広瀬弘忠・中嶋励子（二〇一一）**『災害そのとき人は何を思うのか』**ベストセラーズ

災害に関連する人間の心理や行動全般に関して、やさしく書かれています。本章で解説した「パニック神話」や認知バイアスのほかにも、災害を待つ心理や、デマ・流言の問題、ＰＴＳＤといった災害後のストレスや災害レジリエンスの問題など、人間の心理を幅広く解説しています。

第6章 見抜く心とクリティカルシンキング

【池田まさみ・邑本俊亮】

1 はじめに

みなさんは第5章までをお読みになって、どのような感想をおもちになったでしょうか。もしかしたら、よくご存知の神話、すなわち「すっかり信じていたこと」に出会うこともあったのではないでしょうか。私自身、心理学を学ぶまで信じ込んでしまっていたことや、ステレオタイプ化（第1章）、楽観主義バイアス（第5章）など、いくつか思い当たることがありました。学生だった当時、人間がものごとを論理的に推測する「推論」のあり方や、偏ったものの見方である「バイアス」が生じるメカニズムを聞いて、自分が思考の落とし穴に陥っていたことに気づかされると同時に、解説を聞くまで何ひとつ疑うことなく信じて込んでしまっていたのは「いったいナゼなのか」自問したことを思い出します。

信じてしまった現象を振り返ってみると、少し考えれば偽りであることや間違った情報であることに気づけたはずのことがほとんどです。しかし、気づくことができなかったのはなぜでしょうか。なぜ、真実を見抜くことができなかったのでしょうか。

それは、「少し考えれば」というその時点において、「クリティカルアイ＝批判的な目」が備わっていなかったからだと考えます。批判的な目とは、ものごとを鵜呑みにせず、真実かどうかを吟味する目のことで、「クリティカルシンキング（critical thinking）＝批判的思考」と同じ意味です。みなさんの中には、「批判的」というと、攻撃的な態度や他の人を非難するといったネガティブなイメージをもつ人がいるかもしれません。しかし、実際の意味はそれとは異なり、他者の考えに対してだけでなく、自分自身の考えについても矛盾点がないかどうか、客観的に吟味することを指します[18]。吟味するには、論理力や探究心、情報収集力・分析力などが求められますが、それも自分の中だけで完了したのでは意味を成しません。他者との関係の中でそれらが正しいかたちで発揮され、ものごとを見極め、そして行動することが求められます。つまり、クリティカルシンキングと言ったときには、他者と自分の双方の考えに目を向ける必要があります。その意味で、クリティカルシンキングは「見抜く心」の核と言えるでしょう。ところが、「言うは易く行うは難し」で、批判的思考に基づき、ものごとを正しく見極めることは容易なことではありません。そのことは、本書のさまざまな冒険の中でも実感されたのではないでしょうか。

最終章では、前章までの「信じる心」を振り返りながら、「見抜く心」に焦点を当てます。見抜く心の核となるクリティカルシンキングとは具体的にどのような思考のことを指すのか、また、どのようにしてクリティカルシンキングを育み、身につければよいのか、さらに、そもそも、なぜクリティカルシンキングが求められるのか、逆に言えば、クリティカルシンキングを身につけていないとどのような問題が起きるのか、考えてみたいと思います。

2 信じる心——科学と神話の関係

本書を手にとってくださった方の中には、「神話」という言葉に惹かれた方もいらっしゃるかもしれません。神話には、大きく分けて二つのタイプがあります。ひとつは、ギリシャ神話に代表されるように、ものごとの起源や創造にまつわる現象を神や英雄といった超自然的な存在と関連させて説いたもの。もうひとつは、実体は定かでないにもかかわらず、人々の間で長きにわたって絶対のものと信じ込まれ、時に称えられ、時に恐れられてきたこと。

本書は、後者の中でも特に「心理学」に関わる現象を取り上げています。現代において「○○神話」あるいは「○○バイアス」と称される現象、もしくは、称されないまでも、そのように信じてきたことがいかに危ういものであるか、そして、それらの多くは人間の記憶や思考といった「心」のはたらき、すなわち「脳」の情報処理のあり方といかに深く関わっているか、それぞれ専門の心理学研究に基づいて実証的に説かれています。この節では本書の冒険を振り返りながら、神話が誕生する背景を整理し、さらにその深層を探ってみたいと思います。

神話が誕生する三つの理由

第2章の「オオカミ少女神話の真実」（オオカミ少女はいなかったこと）に衝撃を受けた方もいるかもしれません。もしそうだとすれば、この話を聞いたときも同じように衝撃を受け、そして信じてしまったのではないでしょうか。私が初めてオオカミ少女の話を聞いたのは、小学3、4年生の頃だと思います。聞いた当時、「何かが違う！」という感触はあったように思います。そのような場合でも信じてしまうことがあるのは、私たちは何か違和感を覚えたとしても、具体的に何が違うのかがわからない、またはその違和感を説明することができないとき、それを神秘的な出来事としてとらえてしまうことがあるからです。また、そこに「その話を受け入れるだけの素地が社会の中にある」場合（第2章）や、超常現象など「科学では説明できない不思議な出来事が起こりうる」といった先入観がある場合、それらが相まって、驚きながらも強い印象とともに受け入れてしまうからだと考えます。

現在もオオカミ少女の話を信じて疑わない人がいるかもしれません。一度信じてしまった心を解きほぐすのはなかなか手ごわい作業だと言えるでしょう。しかし、ここでもう一度、そうした「信じる心」の背景に何があるのか整理してみたいと思います。そもそも、オオカミ少女の話には、信じてしまったとしてもおかしくないだけの理由が見られます。それは、日記や写真といった証拠があること、そして、それらの証拠は心理学者のゲゼルや人類学者のジングによって支持されたこと、さらに、日本ではゲゼルの翻訳本『狼にそだてられた子』[4]が多くの人に読まれ語り伝えられてきたことです。もし、子どもの頃、この話を聞いて信じてしまったとしたら、それは、その語り手が学校の先生や信用できる大人、すなわち信頼できる人物からの情報だったからではないでしょうか。子どもにとって、語り手は専門家と同じぐらい大きな影響力をもつと考えられます。神話が生まれる背景を考えるうえで、この点も忘れてはならないでしょう。

オオカミ少女神話が誕生した理由（要因）は、他の神話の誕生にも共通します。つまり、私たちがある現象や情報を信じる背景には、主に次の三つの要因が関わっていると考えます。

①現象や情報が「専門家」と呼ばれる人によって解説されていること。
②写真や文書などの記録、数字といった具体的なデータが「証拠」として提示されていること。

③テレビやインターネット、新聞、書籍などのマスメディアによって、現象や情報が多くの人に伝達され「認知」されていること。

逆に言えば、専門家により解説され証拠も示されていて、またその情報に対する人々の認知が得られたとしても、それが必ずしも「真実」を示しているとは限らないということです。しかし、もし専門家の解説や証拠と称されるものを目の前に出されたとしたら、しかも、それが○○新聞や○○放送局など一般によく知られている信頼できると思われる情報源からだとしたら、みなさんは自力でその虚実を見極められる自信はありますか。

科学神話――「科学」を信じる心

信じる心の背景を探っていくと、私たちの心の中に、ある矛盾が垣間見えます。それは、科学そのものに対する信心から生じているように思われます。つまり、私たちは、「科学は絶対である」というある種の「科学神話」に陥っている可能性があります。科学的なエビデンス（証拠）を重視する一方で、時に証拠さえあれば、その情報を盲目的に認めてしまうことがあるようです。証拠は、真実を突きつける武器として、これに勝るものはありません。反面、なかには真実を装った武器として、また悪質な場合は「ねつ造」されて、それは私たちの前に現れることがあるということです。

補足すると、私たちは、「科学的なやりかたに則ってものごとの真実を見極める」ことを重視しているにもかかわらず、証拠と称されるものに弱いということです。証拠らしきものがあれば、つい本当のことだと思い込んでしまうという、まさに「科学的な思考」と「非科学的な思考」が共存するアンビバレントな（矛盾した）

心の事態を招いてしまっている恐れがあります。恐れと言ったのは、人はそうした自身の心の矛盾に気づきにくいため、時に真実ではないことを信じてしまい、自分でも想像しなかったような深刻なトラブルを招いてしまうことがあるからです。現に、「証拠がある」という確信によって、これまでさまざまな神話が生まれてきました。そうした神話がやっかいなのは、それが時にブームと呼ばれる熱狂的な人気を巻き起こすなどして、真実は追究されないまま闇の中に葬り去られてしまうことがあるからです。

一方で私たちのそうした「証拠に弱い」心につけこんで、自分たちの利益を得ようとする人々もいます。偽りのデータや証拠があるかのようなうたい文句で作り込まれた宣伝や広告をばらまき、その結果、消費者が金銭的あるいは精神的なトラブルに巻き込まれるという事件が数多く起きています。消費者庁では、「誇大表示の禁止」の中でウソや誤認させる広告・表示を禁止していますが[15][16]、今なお広告の掲示を止められる（差止請求）事例は後を絶ちません[17]。

実際、日常生活に目を向けてみると、私たちが「写真」や「数字」といった具体的なデータにいかに弱いかを示す例をよく見かけます。たとえば、２００７年1月に「スーパーから納豆が消える」という事態が発生しました。いったいなぜでしょう。それは、納豆が消えた前日、あるテレビ番組の中で「納豆がダイエットに効果的である」ということがデータとともに紹介され、これを信じた消費者がスーパーに行って納豆を買い求めたというわけです。納豆を毎日食べたとして果たしてどのぐらいのダイエット効果が得られるのか、少し考えれば怪しい情報であることを見抜けそうなものです。後日、番組で紹介された大学教授のコメントや実験データは番組の制作者による「ねつ造」であることが判明し、結果、その番組は打ち切られることになりました。ねつ造にはもちろん驚かされますが、「専門家」や「証拠」と称された情報に騙され、真実を見抜けなかった人があまりにも多かったこと（スーパーから納豆が消えたという事実！）に驚かされます。さらに驚くことに、この件に限らず、この出来事の前には「バナナでダイエット」、後には「トマトでダイエット」などの情報によって、それらの商品が品薄になるという事態が発生しています。そのたびに、情報の真偽が問われ、調査の結果、情報が訂正されるということがあります。また、そうした行動に警鐘を鳴らす新聞記事[1]を見かけることもあります。

みなさんはいかがでしょうか。「○○大学教授監修による……」や「98％の人が満足している……」といった宣伝や広告をご覧になって、その商品を購入された経験はありませんか。パーセンテージのトリックについては、第1章4節の「サンプルサイズの無視」（11頁）を今一度ぜひご確認ください。

3　推論する心

ところで、「近年、少年犯罪が増えている」という話を耳にしたことがあるかもしれません。ここ10年ぐらいを考えてみた場合、少年犯罪は増えていると思いますか？　それとも減っていると思いますか？

内閣府が2015年に行った「少年非行に関する世論調査[13]」では、約8割の人が少年非行、つまり未成年者による犯罪が「増えている」と答えています。これは、「かなり増えている」（42・3％）と「ある程度増えている」（36・3％）の回答を合わせた割合になります。[注1]

図6-1をご覧ください。注目してほしいのは、少年の検挙人員（図中では棒グラフ）ではなく、10歳以上の少年10万人あたりの検挙人員、つまり「少年人口比」（図中では実線の折れ線）の結果です。10歳以上の人口（母数）は年々変化しているため、件数ではなく、割合で確認することが重要です。図を見てみると、昭和56～

（注1）この場合の少年には「犯罪少年」「触法少年」「ぐ犯少年」が含まれます。犯罪少年は「罪を犯した少年」、触法少年は「14歳に満たない者で刑罰法令に触れる行為をした少年」、ぐ犯少年は「20歳未満の者で、将来、犯罪行為をするおそれがあると特に判断された少年」のことです。

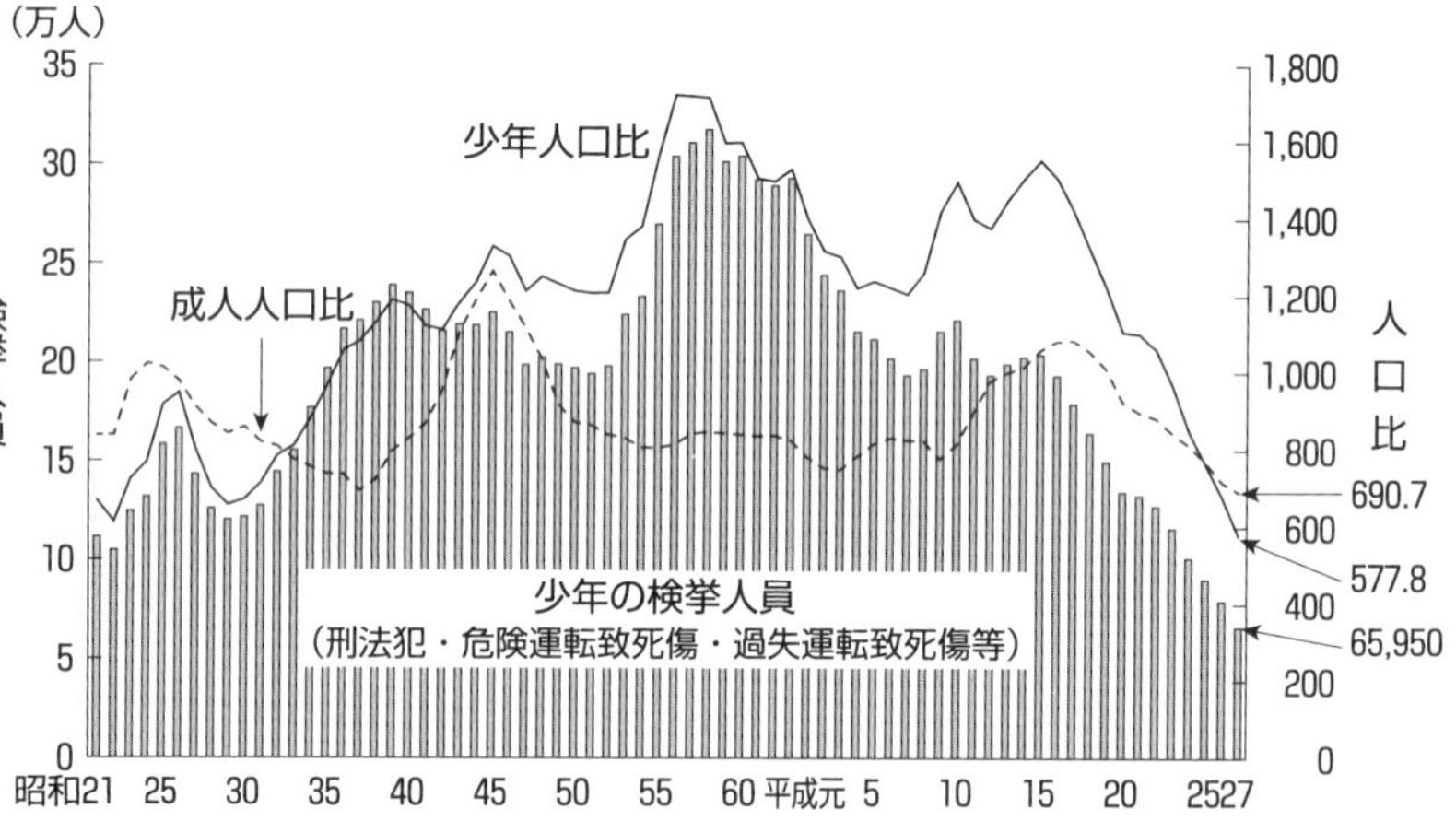

図6-1　少年による刑法犯等　検挙人員・人口比の推移[6]

注：1．警察庁の統計，警察庁交通局の資料及び総務省統計局の人口資料による。
　　2．犯行時の年齢による。ただし，検挙時に20歳以上であった者は，成人として計上している。
　　3．触法少年の補導人員を含む。
　　4．昭和45年以降は，過失運転致死傷等による触法少年を除く。
　　5．少年人口比は，10歳以上の少年10万人当たりの，成人人口比は，成人10万人当たりの，それぞれ刑法犯・危険運転傷・過失運転致死傷等の検挙人員である。

58年（1981～1983年）に最も大きなピークがあり、59年から平成7年まで減少する傾向にあります。その後、平成10年と15年の前後で一時的な増減が見られますが、16年以降一貫して減少し続けていることがわかります。つまり、「少年犯罪は減っている」ということです。

この結果に驚いた人もいるのではないでしょうか。自身の思考を振り返ってみたとき、もし少年犯罪が増えていると思ったとしたら、それはどのような理由からだったのでしょうか。また、世論調査の結果でも、多くの人が「少年非行が増えている」と回答したのはなぜでしょうか。

ここには、ある確率を判断する際の偏ったものの見方、すなわち認知バイアス、特に「利用しやすい情報に頼る」（第1章4節、9頁）が関わっていると言えます。少年によるいじめや暴力事件、あるいは殺人、強盗などの凶悪犯罪は、社会問題としてニュースや新聞で大きく取り上げられ、繰り返し報道されることがあります。衝撃的な事件は印象深く記憶に刻まれると同時に、頻繁に接触した情報は自分の中で「よく知っている」ものとして、頭の中でアクセスしやすくなります。その結果、少年犯罪の割合を過度に見積ることになってしまった可能性があります。

これは、「未知」のことに対する認知バイアスが影響したオオカミ少女神話とは反対に、何回も聞いたことのある自分の思いつきやすい情報を用いる「利用可能性ヒューリスティック」が影響したもので、誤った推論の著しい例だと言えるでしょう。

推論するということ

すでにある知識や与えられた情報を利用して、明確には示されていない事柄を予想したり、新しい結論を導き出すことを「推論する」といいます。身近な出来事を例にとると、私たちは、時計が止まれば電池がきれたのかもしれない、道路でうずくまっている人を見かければその人は具合が悪いのかもしれない、友だちの表情が暗ければ何か悩みごとがあるのかもしれない、などのように思うのではないでしょうか。

現象には、わりあい推論しやすいものもあれば推論しにくいものもあります。健康状態など自分に関することもあれば、他者や集団に関する出来事、社会全体の現象に関することもあります。天候など物理的なものもあれば、感情など心理的なものもあります。また、推論が正しいかどうかすぐに答えを確認できるものもあれば、調査や検査などを要するものもあります。こうしてみると、日常のコミュニケーション場面など他者とのやりとりに限ってみただけでも、私たちは日々相当多くのことを推論していると言えそうです。その中でいったいどれぐらい正しく推論できているのか（自分のことも含めて）気になるところです。みなさんは、自分の推論が正しいかどうか意識してみたことはありますか。また、推論の結果を受けて、なぜそのように考えたのか、推論にいたった理由を吟味してみたことはありますか。

推論と知識の枠組みとの関係

推論を誤ったときのことを振り返ってみると、そのこと自体、すなわち「考える」ということ自体あまり意識していなかった可能性があります。つまり、第5章の「緊急時の心理と行動」（112頁）の中で紹介されたように、思考の自動化という、ある種の習慣にも似た思考のパターン化によって推論を誤るケースがあると考えます。

こうした推論には、「スキーマ」と呼ばれる知識の枠組みが影響していると言われています[18]。このことを示す研究例を紹介します。記憶に関する実験で、実験の参加者に「大学研究室」へ来てもらい、あとで研究室の中にあった物について尋ねました。すると、実際にはなかった物でも「研究室」という文脈に合う事物（タイプライターなど）は「あった」と誤って報告され、逆に、あったにもかかわらず文脈に合わない事象（ラケットなど）は「なかった」と見逃されることが示されました[3]。つまり、私たちの脳内の情報処理では、経験的な知識の枠組み、この実験で言えば「研究室スキーマ」に沿って記憶や検索がなされ、その結果、誤りが生じるということです。これは、記憶の別の実験、「目撃証言」などでも同じような影響が指摘されています。

もう少し説明しましょう。たとえば、スキーマを頭の中の引き出しのようなものだと考えます。頭の中の知識はバラバラではなく、意味的に関連するもの同士がつながってひとつの引き出しに保存されています。連想ゲームを思い出してみてください。たとえば、「ハンドル」「シート」「四つのドア」「車輪」と聞いて何を思い浮かべますか。多くの人は「自動車」と言うでしょう。また、「自動車」「トラック」「電車」「飛行機」ではどうでしょうか。「乗り物」が思い浮かぶのではないでしょうか。つまり、引き出しは「概念」ごとに存在していて、小さな概念が結びついて大きな概念の引き出しに保存されているといった具合です。逆に言えば、ある概

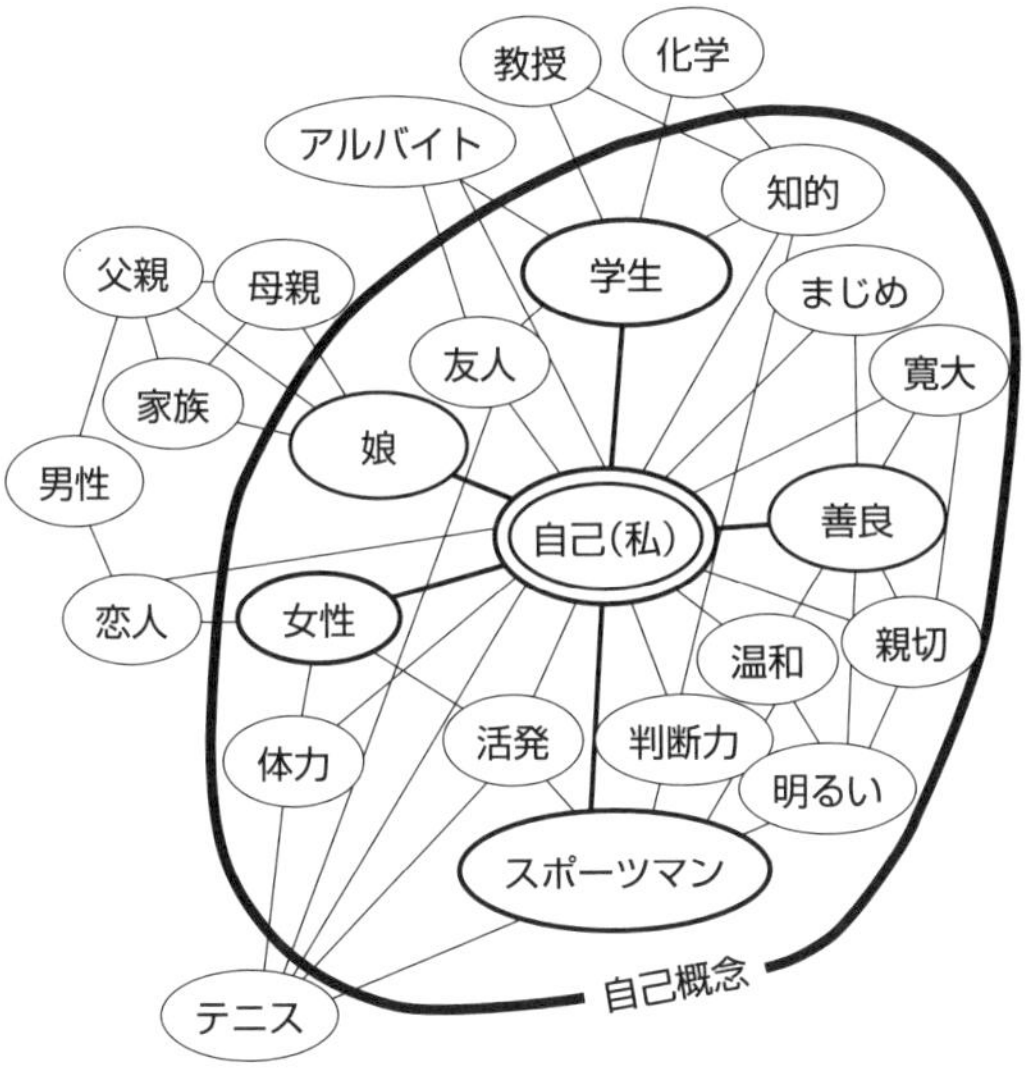

図6-2　自己スキーマに関するイメージマップ[18]
（著者により一部改変）

念はさらに小さな複数の概念の引き出しから成るということです。

このように、私たちの頭の中には、知識や概念、認知の枠組みとなるいくつものスキーマが存在していると言えます。スキーマには、たとえば、「∵」だけで「顔」に見えてしまう（二つの目とひとつの口の位置関係の概念から顔だと推測できる）知覚的なスキーマから、「食事をする」や「映画に行く」などの行動や出来事に関するスキーマまで、さまざまなものがあります。そして、顔スキーマのように、人々の間であまりブレることなく共通に認知されるものもあれば、「美人」や「正義」など個人の生活環境や文化的背景の影響を強く受けるスキーマもあります。**図6-2**は、「自己スキーマ」のイメージマップの例です。

知識が役立つときと歪むとき

スキーマがあることによって、私たちは、膨大で多岐にわたる情報の中から必要なものを選び、「関連づける」「意味づける」「補う」「予測する」といったことを効率よくこなしていると言えます。スキーマによって推論が可能になると同時に、推論が自動的になされることが多々あります。一連の推論がある程度自動的になされるようになることは、スムーズな意思決定や行動を導くうえで重要です。たとえば、「いいお天気ですね」と声をかけられて、「天気とはどのような意味ですか?」といちいち尋ねていたら、会話が成り立ちません。スキーマがあるからこそ、他者との共通認識や理解が得られコミュニケーションがスムーズに進みます。

ただし、スキーマは経験によってつくられる、いわば個人の「事典」のようなものであって、万人に共通する「辞典」や「辞書」ではないということです。つまり、いつも他者と同じ認識が得られるとは限りません。この点はふだんから特に意識しておく必要があるでしょう。また、注意が必要なのは、それぞれの人のスキーマに固定観念などの認知バイアスが生じることがあるということです。それは、「ステレオタイプ化」(第1章8節22頁)といった、他の人や他の集団に対する偏見や先入観につながる危険性があります。人間関係などでトラブルを引き起こす要因になりかねません。さらに、そうした思考パターンをもつ人自身は、自分の推論の誤りに「気づきにくい」という点も大きな問題です。一度バイアスが生じると、それを取り除くのはなかなか容易なことではありません。先ほどスキーマを引き出しにたとえましたが、それはまさに、長年使用してきた机やタンスなどの引き出しをひっくり返して整理することが難しいように、頭の中のスキーマを整理し直すのは至難の業だと言えます。

ゼックミスタらは、いったん形成されたスキーマはその後の情報処理に重要な影響を与えるとして、次の4点を警告しています[18]。

①スキーマと一致しない情報よりも、一致する情報により多くの注意を払うようになる。
②いったんスキーマが形成されると、スキーマと一致しない情報を受け入れにくくなる。

③スキーマに一致する情報のほうが、一致しない情報よりも覚えやすい。
④自分のスキーマと一致するように、記憶を歪ませることさえある。

「いったんスキーマが形成されると、時として、それは、あたかも生きていて、非常に強い生存本能をもっているかのようのように見えることがある。スキーマは永続的で強固な生命体となり、われわれはそれを通してさまざまなことを経験するのだ」（『クリティカルシンキング 入門篇』[18] 114頁より）

【考えてみましょう】　※答えはこの章の最後に掲載しています。

①次の話は何のことを述べているのでしょうか、推論してください。
「その手順はとても簡単です。はじめにものをいくつかの山に分けます。その全体の量によっては一山でも構いません。次のステップに必要な設備がないためにどこかへ移動する場合を除いては準備完了です。一度にたくさんしすぎないことが肝心です。めんどうなことになりかねません。少なすぎるほうがましです。すぐにはこのことの大切さがわからないかもしれませんが、そうしなければ高くつくことにもなります。最初はこうした手順は複雑に思えるでしょう。でもそれはすぐに生活の一部になります。近い将来、この作業が必要なくなると予言できる人はいないでしょう。その手順が終わったら、再びそれをいくつかの山に分け、そしてそれぞれ適切な場所に置きます。それらはもう一度使用され、またすべてのサイクルが繰り返されます。ともあれ、それは生活の一部です」（文献2から一部改変）
②次の話を読んで、どういうことが起きているのか、推論してください。

「ワシントン州立病院で働くドクタースミスは、冷静沈着、大胆かつ慎重な名医で、市長からも信頼されています。スミスが夜勤をしていたある日、交通事故にあった親子が病院へ運ばれてきました。父親は即死、息子は重症です。運ばれてきた重症の子どもの顔をみて、スミスは驚きました。なんと！　スミスの子どもだったのです。スミスと交通事故にあった親子との関係を説明してください」(「ドクタースミス問題」から一部改変)

③図6-2を参考に、あなたの「自己スキーマ」のイメージマップを作成してみましょう。

4 クリティカルに考える心

意思決定も行動も推論なくしては成り立ちません。どのように推論するか、その過程が重要だと言えます。もし正しく推論することができなければ、自分のことであっても目標や進路などを定められず意外な方向に進んでしまったり、あるいは他者との間に誤解が生じて関係がギクシャクしてしまったりするなど、さまざまな面で問題が生じる可能性があります。ここで言う「正しく」とは「クリティカルに」を意味します。クリティカルに考えることができなかった場合、意思決定もブレてしまうことになり、その結果、自らの心身に重大なトラブルを抱えることにもなりかねません。クリティカルな思考の欠如は、トラブルなどのリスクを高める可能性があると言えるでしょう。

クリティカルに考えるには、まず、人間の思考にどのような特性があるか知ることが大切だと言えます。本書で見てきたように、思考にはスキーマや認知バイアスが関係していること、そしてそれは無意識のうちに思考に影響している可能性があることを知っておくことが大事だと言えます。知ることの大切さについては、第

5章「今後のためにできること」（116頁）でも指摘されていたとおりです。

自らの思考を振り返ってみたとき、もし思考の落とし穴にはまってしまったことや、そこに認知的なバイアスがかかっていたことなど思い当たることがあるとすれば、その経験と気づきは何より重要です。人間の思考にどのような特性があるか、自らの体験を通して身をもって知ることができたとき、それは自分の思考を意識するというクリティカルシンキングの第一歩をすでに歩み出していると言えるからです。

クリティカルの意味

クリティカルシンキングとは具体的にどのような思考のことを指すのでしょうか。まず、「クリティカル」の意味を確認しておきたいと思います。クリティカルとは、一般には「批判的な」や「危機的な」と訳されることが多いかもしれません。その語源は、ギリシャ語の kritikos で、英語の judge（判断する）に相当します。このことから、宮元・道田ら[18]は、クリティカルの本来の意味は「ものごとを規準に照らして判断する」ことであるとして、クリティカルシンキングを「適切な規準や根拠に基づく、偏りのない思考である」と定義しています。つまり、クリティカルは、日本語で「批判的」と言ったときのネガティブなイメージ、すなわち他者を非難するという意味とはまったく異なるということです。

クリティカルシンキングの定義は研究者によって多少異なります。これはクリティカルシンキングがさまざまな思考の側面から成るため、一様にはとらえにくいことを示していると言えるでしょう。楠見ら[11][12]は複数の定義に共通する「三つの観点」を見出し、クリティカルシンキングを次のようにとらえています。

①証拠に基づく論理的で偏りのない思考

②自分の思考過程を意識的に吟味する内省的・熟慮的思考
③よりよい思考を行うために目標や文脈に応じて実行される目標志向的な思考

そして同時に、クリティカルシンキングにおいて大切なこととして、相手の発言に耳を傾け、証拠や論理、感情を的確に解釈すること、自分の考えに誤りや偏りがないかを振り返ること、の2点を指摘しています。つまり、クリティカルな目を向けるべき対象は他者と自分の双方の思考ということになります。

クリティカルシンキングを支える3要素

ところで、時間がない中で何か選択を求められたとき、「直感」で答えるということがあるかもしれません。深く考え込まないという点で直感と言えるかもしれません。しかし、その場合であっても、何の土台もなくして選択することはできないでしょう。つまり、自分では直感のように感じていたとしても、そこにはそれ以前に得た情報や経験が影響していると言えます。言い換えれば、直感は日々の推論の積み重ねがもたらす結果になる可能性があります。直感が当たったり外れたりというのは、日々の推論のあり方が影響するかもしれないということです。何かの景品やおまけの選択など外れても特に問題ない場合はそれでもよいでしょう。しかし、地震など予期していなかった事態ですぐに行動を選択しなければならないとき、そのとっさの判断は直感に頼らざるをえず、しかもそれが生死を分けるような重大な結果につながるとしたら、どうでしょうか。直感とはいえぜひ適切な判断であってほしいと思うでしょう。その意味では、ふだんから正しく推論しているかどうか、クリティカルに考えているかどうか、危機やピンチに直面したときこそ、その真価が問われることになると言えるかもしれません。

クリティカルに考えられるようになるためには、日頃から、他の人の言葉に耳を傾けると同時に、自分の理解を振り返る思考のクセをつけることが第一だと言えるでしょう。「クリティカルシンキングは一日にして成らず」です。こうした態度を含め、クリティカルシンキングに必要な要素には次の3点があるとされています。[18]

①問題に対して注意深く観察し、じっくり考えようとする「態度」
②論理的な探究法や推論の方法に関する「知識」
③それらの方法を適用する「技術」

なかでも、「態度」は最も重要であるとされています。じっくり考えようとする態度が習慣になるまでには、相当の努力が必要でしょう。人間は自分では気づきにくいさまざまな思考のクセをもっています。クセはある意味その人らしさといったパーソナリティのひとつになるもので大切な面もあります。しかし、もしそのクセの中に「すぐに考えることをやめてしまう」や「答えを出すことをあきらめてしまう」といった悪いクセ、つまり考えないクセがあるとすれば、それはトラブルを招く可能性が高いという意味で改善したほうがよいでしょう。クセを直すには時間がかかるかもしれません。それでも、悪いクセを減らし、良い思考へシフトすることができれば、それはその人の強みとなり、その人らしさの良い面がさらに広がることになると考えます。そして最終的には、理にかなった意思決定から、より良い心身の状態へと自ら導くことができる可能性があります。

クリティカルな思考の習慣を身につけるため第一にすべきことは、自分自身の思考のクセを知ることだと言えるでしょう。自分の思考を客観的に分析することを心理学では「メタ認知」と呼びます。メタはギリシャ語で「上位の」という意味です。メタ認知は頭の中のサーチライトにたとえられることがあります。自分の思考の状態を照らすということです。ごく簡単に言えば、自分の知っていることと、知らないことを自分自身が知っている状態を指します。学生の例で言えば、たとえば英語は得意で物理は苦手であるということを自分自身がわかっている状態を指します。そうした状態をつくることは、次に何をすべきかを適切に推論することにつながります。

では実際に、クリティカルシンキングを実践するためにはどのような考え方を身につければよいのでしょうか。たとえば、クリティカルに考えられる人には、客観性、柔軟性、論理力が備わっていると言われています。場面に応じてさまざまな思考の特性が考えられますが、ここではより基本的な特性として、ゼックミスタらが紹介しているクリティカルな思考の特性を[18]【考えてみましょう】に示しました。それぞれの特性について、あなた自身のふだんの考え方がどのぐらいあてはまるか、メタ認知を効かせて自己評価してみてください。

【考えてみましょう】

次の思考の特性について、あなた自身の考え方に「あてはまる」場合は5、「あてはまらない」場合は1として、5段階で自己評価してください（『クリティカルシンキング 入門篇』1章【考えてみよう】1・1から項目文などを一部改変）

①いろいろな問題に興味をもつなど、知的好奇心を示す……………1・2・3・4・5
②主観によらず、客観的に考えることができる……………1・2・3・4・5
③開かれた心をもっている※……………1・2・3・4・5
④必要に応じて考え方を改めるなど、思考が柔軟である……………1・2・3・4・5

⑤証拠の有無にこだわるなど、知的懐疑心を示す……1・2・3・4・5
⑥知的な面で誠実である※※……1・2・3・4・5
⑦何事に対しても筋道だった考え方をする……1・2・3・4・5
⑧問題解決に対する追究心が強い……1・2・3・4・5
⑨決断力がある……1・2・3・4・5
⑩他者の意見に耳を傾ける……1・2・3・4・5

※　いろいろな立場や考え方を考慮しようとすること、など
※※自分と違う意見でも正しいものは正しいと認めることができる、など

5　クリティカルな心を育むために

これまでに、みなさんはクリティカルシンキングの授業を受けたことはありますか。大学の講義や就職活動セミナー、会社の新人研修などで「自己分析」や「グループディスカッション」などを通して、似たような考え方や概念を学んだことはあるかもしれません。ですが、小学校や中学校でクリティカルシンキングを学んだ経験をもつ人はほとんどいないのではないでしょうか。前頁にあったような思考の特性を身につけるには、大学以前のもっと早い段階からクリティカルシンキングのことを知る授業が必要だと感じます。

クリティカルシンキングを育成するという点では、日本は欧米諸国に比べ授業の導入などがやや遅れている感があります。もちろん、はっきりそれと示されていないだけで、それぞれの教科の中で関連する教育が行わ

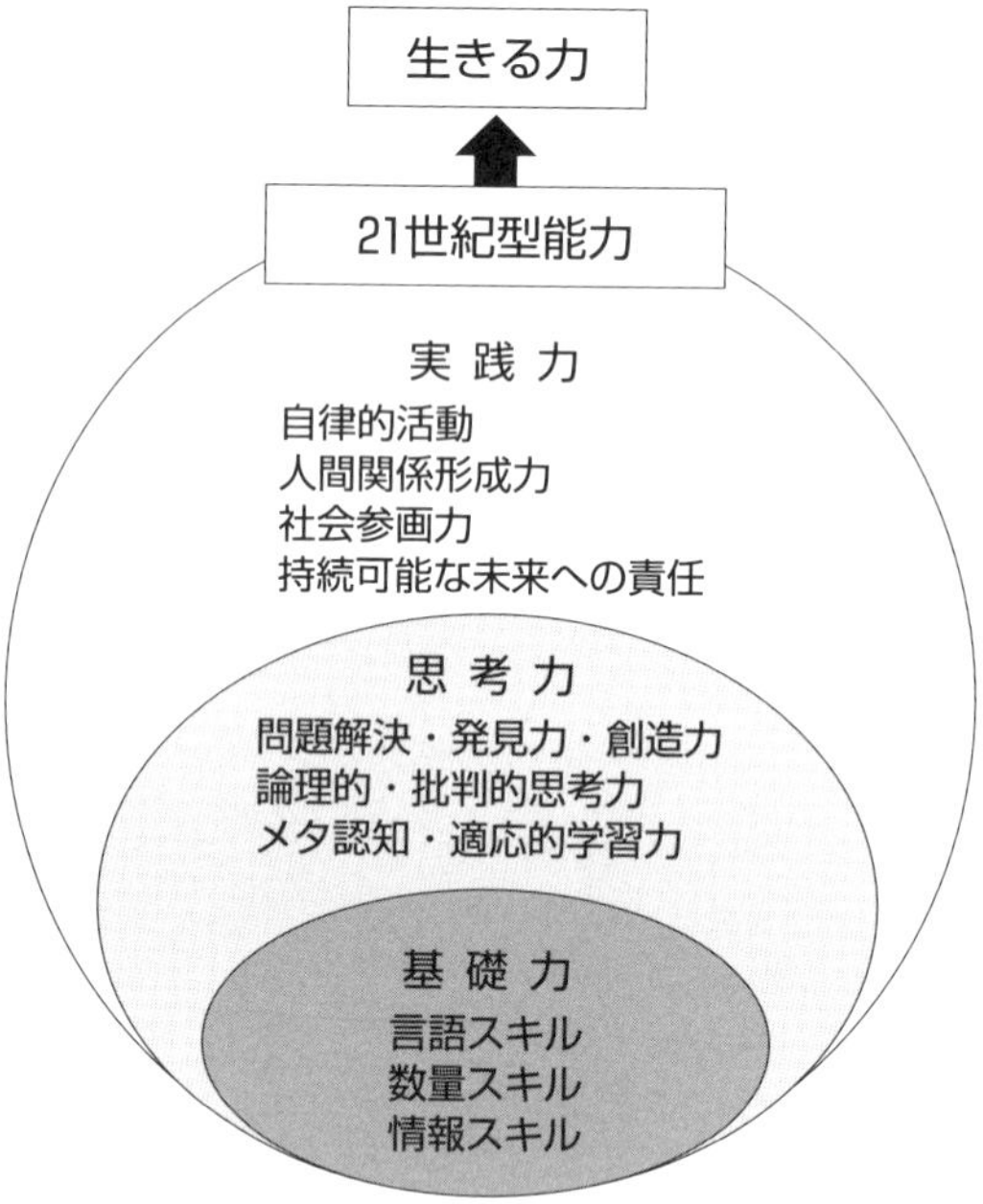

図6-3　21世紀型能力[9]

れている可能性はあります。しかしながら「クリティカルシンキング教育」と言ったときには、クリティカルの意味や意義を理解すること、クリティカルに考えたり行動したりするための態度や知識、スキルを身につけること、そして実際にクリティカルシンキングができることが重要になります。つまり、クリティカルシンキングそのものに焦点を当て、その育成を目的とした授業を行う必要があると考えます。

　そうした教育が望まれる中、２０１３年、国立教育政策研究所から「21世紀型能力」（**図6-3**）が提案され[9]、その中核となる「思考力」の中で初めて、「批判的思考力」や「メタ認知」といった文言がはっきりと示されました。21世紀型能力は「生きる力」に必要な三つの汎用的能力、すなわち社会のさまざまな場面で共通に求められる能力で構成されています。クリティカルシンキングとメタ認知は、まさにその中心的な能力に位置づけられています。

中高校生のためのクリティカルシンキング講座

クリティカルシンキングの育成に関して、たとえば、「スーパーサイエンスハイスクール」[8]の指定校や「探究科」を設置している高校、もしくはこれに準ずる取り組みをしている中学校では、高大連携や出前授業の形式で大学から講師を招いてクリティカルシンキング講座を開くなど、その機会は広がりつつあるようです。

クリティカルシンキングが学校教育の中で認知されるようになったこと自体、大きな進展だと言えます。ただし、その認知や教育を受ける機会はまだ一部にとどまっていること、また、それを教える現場の先生方のスキルが熟していないこと、つまり学校の授業に取り入れるには先生方のためのクリティカルシンキング研修を行う必要があることなど、いくつか課題も残されています。

発達に応じた授業プログラムの考案も課題のひとつです。私たちの研究チームでは、２００９年以降、中学生や高校生のクリティカルシンキング態度を調べ、その結果に基づいて授業プログラムや教材を開発し、またその教材を用いた授業を実践してきました。ここでは、２０１３年から3年にわたり約１６００名の高校生を対象としたクリティカルシンキング態度の縦断調査の結果[7]をご紹介したいと思います。分析の結果、高校生のクリティカルシンキング態度は、「探究心」「他者尊重」「自己調整」の要素から成り立っていることが明らかになりました。**表6-1**は、要素ごとに実際に調査で用いた質問項目を示しています。これら三つの要素は、中学生の調査でも同じ要素が得られることを確認しています。つまり、三つの要素は「青年期のクリティカルシンキング態度」[12][5]として、育成すべきものと考えることができます。この青年期の要素は、大学生や一般成人の態度の要素とは重なる部分もありますが、異なる部分もあります。それは、他の心の働きと同じく、クリティカルな思考にも発達のプロセスがあることを示していると考えられます。

表6-1　高校生のクリティカルシンキング態度（３つの態度因子16項目）

n =1581

探究心	他の人があきらめても，自分は答えを探し求め続ける 納得できるまで考え抜く いったん決断したことは最後までやり抜く 新しいものにチャレンジするのが好きである 他の人が気にもかけないようなことに疑問をもつ わからないことがあると質問したくなる　α = .80
他者理解	自分とは違う考え方の人に興味をもつ 自分とは別の意見も理解しようとする 一つ二つの立場だけではなく，できるだけ多くの立場から考えようとする 意見が合わない人の話にも耳を傾ける いろいろな立場を考え合わせる 偏りのない判断をしようとする　α = .86
自己調整	自分の間違いを認めることができる 自分だけの考えで頑固な態度をとらない 興奮状態でものごとを決めたりはせず，冷静な態度で判断をする 他の人の考えを尊重することができる　α = .74

※αは項目間の内的整合性を示す

クリティカルシンキングと心理学

ところで、クリティカルシンキングは心理学の研究テーマのひとつですが、クリティカルシンキング態度と心理学を学ぶこととは何か関係があるのでしょうか。このことを調べるため、日本心理学会の教育研究委員会では、市民や教員を対象とした調査を行っています[12]。そこでは、学歴が高いほど、また心理学を学んだこと（学習歴）があるほど、クリティカルシンキング態度が高くなる傾向にあることが報告されています。この結果は、大学で学ぶことや心理学を学ぶことが、よりクリティカルな考え方をもつうえで重要であることを示しています。しかし逆に言えば、そうした機会がなければ、クリティカルシンキング態度がそれ以上伸びないかもしれないということになり、懸念が生じます。

こうした観点からも、これからの学校教育の中で育むべき資質・能力として「21世紀型能力」が示されたこと、そして、その汎用的能力の重要な部分に「クリティカルシンキング」や「メタ認知」が据えられたことは、大きな意味があると言えるでしょう。つまり、子どもから社会人にいたるまで、その育成は「初等教育から一貫した教育方針のもとで積み重ねていく必要がある」という認識を教育の現場で共有する、という点に最大の意義があると言えます。また、それが育成の実効性にもつながると思われます。さらに、その教育方針に関しては、心理学の分野で研究されてきた人間の思考や推論に関する知見が有効になる可能性があります。このことは心理学研究の社会的貢献という点でも有意義なことだと言えるでしょう。

心を科学する心理学——心理学神話をふりかえって

クリティカルシンキングをはじめ、本書で見てきた人間の「推論」や「認知バイアス」「意思決定」「メタ認知」などは、認知心理学の研究対象となるものです。これらの認知メカニズムを探るため、実験や調査、脳画像を用いた研究、あるいはニューラルネットワークや最近では人工知能の深層学習といったモデルによる研究が行われています。研究の手法は多岐にわたっていますが、いずれも科学的な手法に則って行われる研究であることにブレはありません。

ところが、そうした心理学の学術的な内容は、一般の心理学に対するイメージとはかなり異なっていることがあります。簡単に言えば、心理学は誤解されていることがあります。たとえば「心理学を勉強すると人の心が読めるようになる」と思われたり、極端な場合には、透視や念力といった超能力または霊能力などの「超常現象」なるものを研究していると思われたり、占いができるなどの非科学的な印象をもたれていたりすることがあります。また、誤解はなくとも、精神疾患に関する研究やカウンセリング技法を学ぶなど、心理学のごく一部の領域だけを指して、それを心理学だと認識されていたりすることもあります。さまざまな研究分野がある中で、イメージと実際の学術的な内容との間にこれほどギャップがある学問も珍しいと言えるでしょう。

ギャップが生じるひとつの理由は、クリティカルシンキングの教育にも言えることですが、高校までの教科に心理学の授業が存在しないということが考えられます。近年、そうした心理学に対する誤解、すなわち「心理学神話」の束縛を解くために、また科学としての心理学の面白さを知ってもらうために、中学生や高校生向けの「心理学講義」や「実験ワークショップ」などが開催されています。日本心理学会では、2012年から毎年、全国各地の大学で「高校生のための心理学講座」を開いています[10]。心理学を大学以前の学校のカリキュラムに直接組み込むことは難しくても、まずは、こうした機会を通して、心理学が「人間の反応や行動を科学的手法により解明しようとする科学である」こと、そしてその研究の具体的な内容を正しく知ってもらうことが有効だと考えます。また、それが受講した生徒の学術的な興味につながり、もし心理学が進路選択のひとつになったとしたら、心理学に関わる者としては嬉しい限りです。

少々大袈裟な言い方かもしれませんが、未来の心理学者を育てるためにも、その学術的な内容を正しく伝えることは、心理学を学んだ者の使命だと言えるでしょう。逆に心配なのは、大学で心理学以外の専攻であったり、選択科目で心理学を履修したりすることがなければ、クリティカルシンキングのことも、心理学のことも正しく理解しないまま、特に心理学に関しては「心理学神話」を信じたままになってしまう可能性があるということです。日本学術振興会では「ひらめき☆ときめきサイエンス[14]」と称して、大学の研究を子どもたちに紹介する機会を設け、そのための研究費補助を行っています。こうした機会を有効に活用することも大切ですが、願わくは、クリティカルシンキングの教育も含めて、子どもたちに、「ものが見えるしくみ」「記憶のしくみ」「考えるしくみ」など、「人間を科学する」授業をぜひ教科やカリキュラムに加えてほしいと思います。その具体的な授業プログラムをエビデンスに基づいて考案することは心理学の重要な仕事のひとつだと言えるでしょう。

6 さいごに――「間」をつなぐ心

最後に、クリティカルシンキングがなぜ必要なのか、あらためて考えてみたいと思います。「信じる心」と「見抜く心」の背景を振り返ってみると、これらはまさに表裏一体の関係にあり、そこには共通する人間の思考が関わっていることが見えてきました。ただし、信じる心になるか、見抜く心になるかは、その思考の関わり方が鍵になると言えそうです。

本章では、クリティカルシンキングがありとあらゆる場で必要とされることを見てきました。テレビや新聞、インターネットなどマスメディアの情報に触れる場では、それらを論理的な根拠に基づいて吟味する力が求められます。家庭や学校、地域、職場など他の人と関わる場においては、お互いの考えを理解・共有し協働する力（ともに協力し合う力）が求められます。また、医療や研究といった特定の場では、専門の知識や技術および科学的に問題を解決する力が求められます。さらに、震災や救護などの場では、これらの力に加え、迅速かつ的確な判断と決断力が求められます。身近な生活の場から専門的な職場、あるいは予期せぬ緊急の事態にいたるまで、それぞれの場で最優先すべきクリティカルな思考態度は異なることがあります。その場に応じて適切な思考態度を選択し行動できる力、これもクリティカルシンキング力のひとつです。さらに、視点を移すと、２００９年には裁判員制度、２０１６年には18歳選挙が開始されたことからも、一市民としてのクリティカルシンキング力は、これまで以上に必要かつ重要な能力としてとらえられるべきでしょう。

クリティカルな思考が必要なときに、それがきちんと発揮できなければ、事故や誤診、冤罪などを招いてしまうことにもなりかねません。それが命に関わることになれば、取り返しのつかない事態になる可能性もあります。「信じる心」になるか「見抜く心」になるかは、正しく推論できるかどうか、つまりクリティカルに考えることができるかどうか、「推論のあり方」が鍵になると言えるでしょう。

私たちがお互いに「事実」として共有できている情報はごく限られたものにすぎません。だからこそ、推論のあり方が大切になるのです。事実をもとに「真実」に近づくために、突き止めるために、推論しなくてはならないからです。事実と真実が異なる概念であることはご存知のとおりです。事実＝真実であれば問題は少なくて済むのでしょうが、必ずしもそうとは限りません。むしろ、事実と真実が異なっていることのほうが多いでしょう。

見方を変えると、自分と他者との間に共感や共通認識が得られたとしても、そこには「間」をつなぐための推論が介在しているために、それは完全に一致するものではありません。しかし、むしろ、私たちはそうした間をつなぐために、日々推論しているといっても過言ではないでしょう。人間は「人」の「間」と書きます。これは、人間が生物学的ヒトに生まれ、人と人の間で育ち合うことによって「社会に生きる人間」になることを意味しているように思います。いみじくも、「時間」「空間」「仲間」これらに共通して「間」が存在するのは、私たちが、さまざまな間を正しく推論することこそが、生活の質や人間関係、そして何より自らの心を豊かにすることになるからではないでしょうか。

逆にもし、真実を追究する推論のあり方を誤ってしまうと、真実を知ることができないだけでなく、本来なら起こるハズのないトラブルが生じたり、ましてやそれが、研究や専門領域で生じた場合は、個人的な問題ではなく、人間社会全体に関わる大きな損失につながる可能性があると言えます。

場という視点だけでなく、市民から専門家、研究者にいたるまで、それぞれの人がクリティカルシンキングの大切さをしっかり認識し、習慣として身につけ、そして実際に行動できるようになる必要があると考えます。

【考えてみましょう】

①ロジカルシンキングとクリティカルシンキングの「共通点」と「違い」は何だと思いますか。

②身のまわりで何かトラブルが生じたことはありますか。あったとすれば、それはなぜだと思いますか。

どのように推論すればそのトラブルを防げたと思いますか。

また、もしクリティカルに考えることができなかった場合、どのようなトラブルが起きると思いますか。

推薦図書

苅谷剛彦（一九九六）『知的複眼思考法』講談社

クリティカルシンキングに関する本の中でも、ぜひ最初にお薦めしたい本です。理論だけでなく、新聞記事などで実践的かつステップを踏んで思考を鍛える構成になっている点も魅力的です。また、この本の中で紹介されているフランスの思想家ロラン・バルトの『神話作用』（篠沢秀夫訳、現代思潮社、一九六七）も、日常の出来事の神話性を取り上げたエッセイ集で、古典と現代の視点をあわせて読まれても面白いと思います。

市川伸一（一九九七）『考えることの科学——推論の認知心理学への招待』中央公論社

表紙を開くと、「日常生活での思考は推論の連続といえる。（略）推論の認知心理学はこれら人間の知的能力の長所と短所とをみつめ直すことによって、それを改善するためのヒントを与えてくれる」とあります。まさに、心理学研究の中で解き明かされてきた人間の思考に関する理論やモデルが、さまざまな例題や問いとともにわかりやすく説かれています。引用文献（1）とあわせて読まれるとより理解が深まるでしょう。

野矢茂樹（二〇〇一）『論理トレーニング１０１題』産業図書

クリティカルシンキング力のひとつ「論理的思考」を鍛えるための問題集です。著者は「論理の力といっても、しばしばそう誤解されているような『思考力』のことではない。（略）むしろ思考を表現する力、あるいは表現された思考をきちんと読み解く力にほかならない」と述べています。まずは、自分の思考を表現＝アウトプットすべく、１題ずつ挑戦してみることが大切だと言えそうです。

１３５–１３６頁 **【考えてみましょう】** 解答

①洗濯

②ドクタースミスはその子どもの母親（スミスを男性だと思い込んでいませんでしたか？）

編者おわりに

心理学の神話をめぐる旅はいかがだったでしょうか。あなた自身の「信じる心」を振り返り、「見抜く心」を養う機会になりましたら幸いです。

公認心理師法も施行され、心理学に対する社会的期待は高まるばかりです。エビデンス（証拠）に基づいて実証的に人間の「心」を探り、その成果を社会に還元することを目指して、私たち心理学者はこれからも研究を続けてまいります。科学としての心理学の姿を、多くの人に正しく理解してほしい。また、心理学を学んだ人はそのことを正しく伝えてほしい、そして、社会のさまざまな場面で活躍してほしい。これは、心理学の教育・研究に携わる私たちの切なる願いです。

最後に、本書を読んでくださった皆様、そして日本心理学会主催の公開シンポジウム「心理学の神話をめぐる冒険」に足をお運びくださり、ご質問や感想をお寄せくださった皆様に、この場を借りて心より御礼申し上げます。また本書の完成まで、辛抱強く丁寧にご対応いただき、貴重なアドバイスをいただきました誠信書房編集部の布施谷友美さんにあらためて感謝申し上げます。

本書が皆様の「探究心」を刺激する一冊になりましたら大変うれしく存じます。

２０１７年８月

邑本俊亮・池田まさみ

文　献

編者はじめに

（1） Lilienfeld, S. O., Lynn, S. J., Ruscio, J. & Beyerstein, B. L. (2011) *50 Great Myths of Popular Psychology: Shattering Widespread Misconceptions about Human Behavior*. John Wiley & Sons, New York.〔八田武志・戸田山和久・唐沢穣監訳（二〇一四）『本当は間違っている心理学の話――50の俗説の正体を暴く』化学同人〕

第1章

（1） Eysenck, M. W., Mogg, K., May, J. et al. (1991) Bias in interpretation of ambiguous sentences related to threat in anxiety. *Journal of Abnormal Psychology*, **100**(2), 144-150.

（2） Garry, M., Manning, C. G., Loftus, E. F. et al. (1996) Imagination inflation: Imagining a childhood event inflates confidence that it occurred. *Psychonomic Bulletin & Review*, **3**(2), 208-214.

（3） Hamilton, D. L. & Gifford, R. K. (1976) Illusory correlation in interpersonal perception: A cognitive basis of stereotypic judgements. *Journal of Experimental Social Psychology*, **12**(4), 392-407.

（4） Johnson, E. J. & Tversky, A. (1983) Affect, generalization, and the perception of risk. *Journal of Personality and Social Psychology*, **45**(1), 20-31.

（5） Kruger, J. & Dunning, D. (1999) Unskilled and unaware of it: How difficulties in recognizing one's own incompetence lead to inflated self-assessments. *Journal of Personality and Social Psychology*, **77**(6), 1121-1134.

（6） Kruger, J. & Gilovich, T. (1999) "Naïve cynicism" in everyday theories of responsibility assessment: On biased assumptions of bias. *Journal of Personality and Social Psychology*, **76**(5), 743-753.

（7） Loftus, E. F. & Palmer, J. C. (1974) Reconstruction of automobile destruction: An example of the interaction between language and memory. *Journal of Verbal Learning and Verbal Behavior*, **13**(5), 585-589.

（8） Lord, C. G., Ross, L. & Lepper, M. R. (1979) Biased assimilation and attitude polarization: The effects of prior theories on

subsequently considered evidence. *Journal of Personality and Social Psychology*, **37**(11), 2098-2109.
(9) ＮＨＫサービスセンター（二〇〇六）『ＮＨＫことばおじさんの ナットク日本語塾』一巻、ＮＨＫサービスセンター
(10) Ritov, I. & Baron, J. (1990) Reluctance to vaccinate: Omission bias and ambiguity. *Journal of Behavioral Decision Making*, **3**(4), 263-277.
(11) 繁桝算男（二〇〇七）『岩波科学ライブラリー１２９ 後悔しない意思決定』岩波書店
(12) Tversky, A. & Kahneman, D. (1973) Availability: A heuristic for judging frequency and probability. *Cognitive Psychology*, **5**(2), 207-232.
(13) Tversky, A. & Kahneman, D. (1983) Extensional versus intuitive reasoning: The conjunction fallacy in probability judgment. *Psychological Review*, **90**(4), 293-315.

第2章

(1) Curtiss, S. (1977) *Genie: A Psycholinguistic Study of a Modern-day "Wild Child"*. Academic Press, New York, San Francisco and London.〔久保田競・藤永安生訳（一九九二）『ことばを知らなかった少女ジーニー――精神言語学研究の記録』築地書館〕
(2) Feuerbach, A. von (1832) *Kaspar Hauser: Beispiel eines Verbrechens am Seelenleben des Menschen*. J. M. Dollfuss, Ansbach.〔西村克彦訳（一九九一）『カスパー・ハウザー』福武書店〕
(3) 藤永保（一九九〇）『幼児教育を考える』岩波書店
(4) 藤田紘一郎（二〇〇一）『〝きれい社会〟の落とし穴――人と寄生虫の共生』日本放送出版協会
(5) Gesell, A. (1941) *Wolf Child and Human Child*. Harper, New York.〔生月雅子訳（一九六七）『狼にそだてられた子』家政教育社
(6) Gesell, A. & Thompson, H. (1929) Learning and growth in identical infant twins: An experimental study by the method of co-twin control. *Genetic Psychology Monographs*, **6**, 1-124.
(7) Hines, T. (1988) *Pseudoscience and the Paranormal: A Critical Examination of the Evidence*. Prometheus Books, New York.〔井山弘幸訳（一九九五）『ハインズ博士「超科学」をきる――真の科学とニセの科学をわけるもの』『ハインズ博士「超科学」をきる――臨死体験から信仰療法まで ＰａｒｔⅡ』化学同人〕
(8) Itard, J. M-G. (1807) *Rapports et Mémoires sur le Sauvage de l'Aveyron*. Imprimerie Impériale, Paris.〔中野善達・松田清訳（一九七八）『新訳 アヴェロンの野生児――ヴィクトールの発達と教育』福村出版〕

（9） Kipling, R. (1894) *The Jungle Book*. Doubleday, New York.〔金原瑞人監訳、井上里訳（二〇一六）『ジャングル・ブック』文藝春秋〕
（10） MacLean, C. (1977) *The Wolf Children*. Penguin Books, Harmondsworth.〔中野善達訳編（一九八四）『ウルフ・チャイルド――カマラとアマラの物語』福村出版〕
（11） 松田治（一九九二）『ローマ神話の発生――ロムルスとレムスの物語』社会思想社
（12） 西田利貞（一九九九）『人間性はどこから来たか――サル学からのアプローチ』京都大学学術出版会
（13） 小原秀雄（一九八七）『動物たちの社会を読む――比較生態学からみたヒトと動物』講談社
（14） Ogburn, W. F. & Bose, N. K. (1959) On the trail of the wolf-children. *Genetic Psychology Monographs*, **60**, 117–193.〔中川伸子訳（一九七八）「『カマラとアマラの話』の真実性――現地調査報告」中野善達編訳『野生児と自閉症児――狼っ子たちを追って』福村出版〕
（15） Ragache, G. (1990) *Le Retour des Loups*. Editions Ramsay, Paris.〔高橋正男訳（一九九二）『オオカミと神話・伝承』大修館書店〕
（16） Rymer, R. (1994) *Genie: A Scientific Tragedy*. Penguin Books, Harmondsworth.〔片山陽子訳（一九九五）『隔絶された少女の記録』晶文社〕
（17） Singh, J. A. L. & Zingg, R. M. (1942) *Wolf-children and Feral Man*. Harper, New York.〔中野善達・清水知子訳（一九七七）『狼に育てられた子――カマラとアマラの養育日記』福村出版〕
（18） 鈴木光太郎（二〇一四）「ボナテールのアヴェロンの野生児」『人文科学研究（新潟大学人文学部）』一三五号、一–三〇頁〔http://dspace.lib.niigata-u.ac.jp/dspace/〕

第3章

（1） Farwell, L. A. & Donchin, E. (1991) The truth will out: Interrogative polygraphy ("lie detection") with event-related brain potentials. *Psychophysiology*, 28(5), 531–547.
（2） 疋田圭男（一九七一）「ポリグラフ検査の有効性」『科学警察研究所報告』二四巻四号、二三〇–二三五頁
（3） 平伸二（二〇〇九）「ポリグラフ検査――脳機能研究による concealed information test の動向」『生理心理学と精神生理学』二七巻一号、五七–七〇頁
（4） Langleben, D. D., Schroeder, L., Maldjian, J. A. et al. (2002) Brain activity during simulated deception: An event-related

functional magnetic resonance study. *Neuroimage*, **15**(3), 727–732.

(5) Lykken, D. T. (1960) The validity of the guilty knowledge technique: The effects of faking. *Journal of Applied Psychology*, **44**(4), 258–262.

(6) 新岡陽光・越智啓太（二〇一六）「近赤外分光法（ＮＩＲＳ）を用いた情報の秘匿の検出――特定の周波数成分に着目した個人識別」日本犯罪心理学会第54回大会発表

(7) Nose, I., Murai, J. & Taira, M. (2009) Disclosing concealed information on the basis of cortical activations. *Neuroimage*, **44**(4), 1380–1386.

(8) Obermann, C. E. (1939) The effect on the Berger rhythm of mild affective states. *The Journal of Abnormal and Social Psychology*, **34**(1), 84–95.

(9) 小川時洋・松田いづみ・常岡充子（二〇一三）「隠匿情報検査の妥当性――記憶検出技法としての正確性の実験的検証」『日本法科学技術学会誌』一八巻一号、三五-四四頁

(10) 大谷友希絵・越智啓太（二〇一五）「他者からの注目が嘘の表出に及ぼす影響」日本社会心理学会第56回大会発表

(11) Reid, J. E. & Inbau, F. E. (1977) *Truth and Deception: The Polygraph* (*"Lie-detector"*) *Technique*. Williams & Wilkins, Baltimore.

(12) Sai, L., Zhou, X., Ding, X. P. et al. (2014) Detecting concealed information using functional near-infrared spectroscopy. *Brain Topography*, **27**(5), 652–662.

(13) Trovillo, P. V. (1939) A history of lie detection. *Journal of Criminal Law and Criminology* (*1931–1951*), **29**(6), 848–881.

(14) Vrij, A. (2000) *Detecting Lies and Deceit: The Psychology of Lying and the Implications for Professional Practice*. Wiley, Chichester.

(15) 財津亘（二〇一四）「実験 Concealed Information Test（CIT）の外的妥当性について――メタ分析による実務と実験の比較、皮膚電気活動を焦点に」『日本法科学学会誌』一九巻一号、九-一八頁

第4章

(1) Carmichael, L. C., Hogan, H. P. & Walter, A. A. (1932) An experimental study of the effect of language on the reproduction of visually perceived form. *Journal of Experimental Psychology*, **15**(1), 73–86.

(2) Harada, Y., Hakoda, Y., Kuroki, D. et al. (2015) The presence of a weapon shrinks the functional field of view. *Applied*

Cognitive Psychology, **29** (4), 592–599.

(3) Ikeda, M. & Takeuchi, T. (1975) Influence of foveal load on the functional visual field. *Perception & Psychophysics*, **18** (4), 255–260.

(4) 厳島行雄（一九九九）「凶器注目効果」『心理学辞典』有斐閣、一八三－一八四頁

(5) Loftus, E. F. (1979) Reactions to blatantly contradictory information. *Memory & Cognition*, **7** (5), 368–374.

(6) Loftus, E. F., Loftus, G. R. & Messo, J. (1987) Some facts about "weapon focus". *Law and Human Behavior*, **11** (1), 55–62.

(7) 大上渉・箱田裕司・大沼夏子ほか（二〇〇一）「不快な情動が目撃者の有効視野に及ぼす影響」『心理学研究』七二巻五号、三六一－三六八頁

(8) 大沼夏子（二〇〇三）「目撃記憶における事後情報効果の生起機序及び情動的ストレスの影響」博士論文（九州大学）

(9) Prentice, W. C. H. (1954) Visual recognition of verbally labeled figures. *The American Journal of Psychology*, **67** (2), 315–320.

(10) 白澤早苗・石田多由美・箱田裕司ほか（一九九九）「記憶検索に及ぼすエネルギー覚醒の効果」『基礎心理学研究』一七巻二号、九三－九九頁

(11) Williams, L. J. (1982) Cognitive load and the functional field of view. *The Journal of Human Factors and Ergonomics Society*, **24** (6), 683–692.

(12) Yarmey, A. D. & Jones, H. P. T. (1983) Is eyewitness evidence a matter of common sense? In, S. M. Lloyd-Bostock and B. R. Clifford (eds.) *Evaluating Witness Evidence: Recent Psychological Research and New Perspectives*. John Wiley, Chichester. pp. 13–40.

第5章

(1) 朝日新聞「強い呼びかけ、初出動　NHK『命守るために急いで…』」（二〇一二年十二月八日付朝刊）

(2) 中央防災会議（二〇一一）「東北地方太平洋沖地震を教訓とした地震・津波対策に関する専門調査会報告　参考図表集」〔http://www.bousai.go.jp/kaigirep/chousakai/tohokukyokun/pdf/sankou.pdf〕（検索日：二〇一七年三月七日）

(3) Cotterell, A. (1997) *The Encyclopedia of Mythology*. Anness Publishing, UK.〔松村一男・蔵持不三也・米原まり子訳（一九九九）『ヴィジュアル版　世界の神話百科――ギリシア・ローマ／ケルト／北欧』原書房〕

(4) Frederick, S. (2005) Cognitive reflection and decision making. *Journal of Economic Perspectives*, **19** (4), 25–42.

（5）池田謙一（一九九七）「パニックに強くなる――緊急時の情報処理」海保博之編『「温かい認知」の心理学――認知と感情の融接現象の不思議』金子書房

（6）井上裕之（二〇一一）「大洗町はなぜ『避難せよ』と呼びかけたのか――東日本大震災で防災行政無線放送に使われた呼びかけ表現の事例報告」『放送研究と調査』9月号、NHK放送文化研究所

（7）片田敏孝（二〇一二）『人が死なない防災』集英社

（8）金菱清編（二〇一二）『3・11慟哭の記録――71人が体感した大津波・原発・巨大地震』新曜社

（9）三上俊治（一九八八）「自然災害とパニック」安倍北夫・三隅二不二・岡部慶三編『応用心理学講座3　自然災害の行動科学』福村出版

（10）三上俊治（二〇〇四）「災害情報とパニック」廣井脩編『災害情報と社会心理』北樹出版

（11）NHK東日本大震災プロジェクト（二〇一三）『証言記録　東日本大震災』NHK出版

（12）日本リスク研究学会編（二〇〇六）『増補改訂版　リスク学事典』阪急コミュニケーションズ

（13）Simons, D. J. & Chabris, C. F. (1999) Gorillas in our midst: Sustained inattentional blindness for dynamic events. *Perception*, **28**(9), 1059–1074.

（14）佐藤翔輔・杉浦元亮・野内類ほか（二〇一四）「災害時の『生きる力』に関する探索的研究――東日本大震災の被災経験者の証言から」『地域安全学会論文集』二三巻、六五-七三頁

（15）Sugiura, M., Sato, S., Nouchi, R. et al. (2015) Eight personal characteristics associated with the power to live with disasters as indicated by survivors of the 2011 Great East Japan Earthquake Disaster. PLoS ONE 10(7): e0130349.〔doi:10.1371/journal.pone.0130349〕（検索日：二〇一七年三月七日）

（16）高橋郁男（一九九五）『パニック人間学』朝日新聞社

第6章

（1）朝日新聞「池上彰の新聞ななめ読み　「〇〇は体にいい」報道　言わずもがなでも配慮を」（二〇一二年四月二七日付朝刊）

（2）Bransford, J. D. & Johnson, M. K. (1972) Contextual prerequisites for understanding: Some investigations of comprehension and recall. *Journal of Verbal Learning and Verbal Behavior*, **11**(6), 717–726.

（3）Brewer, W. F. & Treyens, J. C. (1981) Role of schemata in memory for places. *Cognitive Psychology*, **13**(2), 207–230.

（4）Gesell, A. (1941) *Wolf Child and Human Child*. Harper, New York.〔生月雅子訳（一九六七）『狼にそだてられた子』家政

教育社〕
（5）廣岡秀一・元吉忠寛・小川一美ほか（二〇〇一）「クリティカルシンキングに対する志向性の測定に関する探索的研究（2）」『三重大学教育学部附属教育実践総合センター紀要』二一巻、九三‐一〇二頁
（6）法務省「平成28年版　犯罪白書　第3編第1章」〔http://hakusyo1.moj.go.jp/jp/63/nfm/mokuji.html〕（検索日：二〇一七年三月一日）
（7）池田まさみ・宮本康司・平田威也ほか（二〇一五）「高校生のキャリア教育とクリティカルシンキング」『日本教育心理学会総会発表論文集』五七巻、八四‐八五頁
（8）国立研究開発法人　科学技術振興機構「次世代人材育成事業　スーパーサイエンスハイスクール」〔https://ssh.jst.go.jp/〕（検索日：二〇一七年三月一日）
（9）国立教育政策研究所「『21世紀型能力』とは」〔http://tb.sanseido.co.jp/28/21skill/21skill.pdf〕（検索日：二〇一七年三月一日）
（10）公益社団法人　日本心理学会「高校生のための心理学講座」〔http://www.psych.or.jp/event/index.html〕（検索日：二〇一七年三月一日）
（11）楠見孝・子安増生・道田泰司編（二〇一一）『批判的思考力を育む――学士力と社会人基礎力の基盤形成』有斐閣
（12）楠見孝（二〇一三）「良き市民のための批判的思考」『心理学ワールド　特集／批判的思考と心理学』六一巻
（13）内閣府「世論調査報告書　平成27年7月調査　少年非行に関する世論調査」〔http://survey.gov-online.go.jp/h27/h27-shounenhikou/index.html〕（検索日：二〇一七年三月一日）
（14）日本学術振興会「小・中・高校生のためのプログラム　ひらめき☆ときめきサイエンス」〔https://www.jsps.go.jp/hirameki/〕（検索日：二〇一七年三月一日）
（15）消費者庁「悪質商法などから身を守るために」〔http://www.caa.go.jp/consumers/protect/〕（検索日：二〇一七年三月一日）
（16）消費者庁「誇大広告の禁止」〔http://www.caa.go.jp/foods/pdf/syokuhin889.pdf〕（検索日：二〇一七年三月一日）
（17）消費者庁「消費者団体訴訟制度　差止請求事例集」〔http://www.caa.go.jp/planning/pdf/00sashitomejirei.pdf〕（検索日：二〇一七年三月一日）
（18）Zechmeister, E. B. & Johnson, J. E.（1991）*Critical Thinking: A Functional Approach.* Brooks/Cole, Pacific Grove.〔宮元博章・道田泰司・谷口高士ほか訳（一九九六）『クリティカルシンキング――あなたの思考をガイドする40の原則　入門篇』北大路書房〕

ま行

や行

ら行

た行

な行

は行

索　引

あ行

か行

さ行

【第３章】

越智　啓太（おち　けいた）

1992年　学習院大学大学院人文科学研究科心理学専攻博士前期課程修了

現　在　法政大学文学部心理学科教授，臨床心理士

著　書　『犯罪捜査の心理学』2008年 化学同人，『Progress & Application　犯罪心理学』2012年 サイエンス社，『美人の正体』2013年 実務教育出版，『ケースで学ぶ犯罪心理学』2013年 北大路書房，『つくられる偽りの記憶』2014年 化学同人，『恋愛の科学』2015年 実務教育出版，『ワードマップ 犯罪捜査の心理学』2015年 新曜社，『テキストブック 司法・犯罪心理学』（編著）2017年 北大路書房　他

訳　書　『サボタージュ・マニュアル』（監訳）2015年 北大路書房

【第４章】

箱田　裕司（はこだ　ゆうじ）

1977年　九州大学大学院文学研究科博士課程単位取得退学

現　在　京都女子大学発達教育学部教授，九州大学名誉教授，文学博士

著　書　『知性と感性の心理』（共編著）2000年 福村出版，『認知心理学』（共著）2010年 有斐閣，『心理学研究法２　認知』（編著）2012年 誠信書房　他

【第５章】

邑本　俊亮（むらもと　としあき）

「編者紹介」参照

【第６章】

池田　まさみ（いけだ　まさみ）

「編者紹介」参照

邑本　俊亮（むらもと　としあき）

「編者紹介」参照

■編者紹介

邑本　俊亮（むらもと　としあき）

1992年　北海道大学大学院文学研究科博士後期課程単位取得退学

現　在　東北大学災害科学国際研究所教授，博士（行動科学）

著　書　『文章理解についての認知心理学的研究』1998年 風間書房，『心理学の世界 基礎編３ 認知心理学』（共著）2011年 培風館，『PDブックレット 大学の授業を運営するために』2012年 東北大学高等教育開発推進センター　他

池田　まさみ（いけだ　まさみ）

2001年　お茶の水女子大学大学院人間文化研究科博士課程修了

現　在　十文字学園女子大学教育人文学部心理学科教授，博士（学術）

著　書　『視覚系による３次元曲面上の対称構造の検出』2003年 風間書房，『臨床心理学用語事典』（編著）2008年 オーム社，『日常生活と認知行動』（編著）2012年 オーム社，『言語と思考』（編著）2012年 オーム社

■執筆者紹介

【第１章】

邑本　俊亮（むらもと　としあき）

「編者紹介」参照

池田　まさみ（いけだ　まさみ）

「編者紹介」参照

【第２章】

鈴木　光太郎（すずき　こうたろう）

1985年　東京大学大学院人文科学研究科博士課程（心理学専修）中退

現　在　新潟大学名誉教授

著　書　『動物は世界をどう見るか』1995年 新曜社，『オオカミ少女はいなかった』2008年 新曜社，『ヒトの心はどう進化したのか』2013年 筑摩書房　他

訳　書　『フェルメールのカメラ』2010年 新曜社，『ヒトはなぜ神を信じるのか』2012年 化学同人，『われらはチンパンジーにあらず』2013年 新曜社，『なぜペニスはそんな形なのか』2017年 化学同人　他

心理学叢書
心理学の神話をめぐって――信じるこころと見抜く心

2017年10月30日　第1刷発行
2022年9月25日　第3刷発行

監修者　日本心理学会
編　者　邑本俊亮
　　　　池田まさみ
発行者　柴田敏樹

発行所　株式会社　誠信書房
〒112-0012 東京都文京区大塚3-20-6
電話　03-3946-5666
https://www.seishinshobo.co.jp/

印刷／製本　創栄図書印刷㈱
検印省略　落丁・乱丁本はお取り替えいたします
ISBN978-4-414-31119-8 C1311　Printed in Japan